Silja Walter

Der Ruf aus dem Garten

verlags
gruppe
engagement

Silja Walter

Der Ruf aus dem Garten

Mit einem Geleitwort von
K. Suso Frank OFM

Paulusverlag Freiburg Schweiz

Neuausgabe des Buches
«Ruf und Regel»,
erschienen im Jahr 1980
im Verlag «Die Arche»,
Peter Schifferli, Zürich

Die Deutsche Bibliothek – CIP-Einheitsaufnahme

Walter, Silja:
Der Ruf aus dem Garten / Silja Walter. Mit einem Geleitw. von K. Suso Frank. – Freiburg, Schweiz: Paulusverl., 1995
Ausg. im Verl. Die Arche, Zürich u.d.T.: Walter, Silja: Ruf und Regel
ISBN 3-7228-0370-5

Umschlagbild: Silja Walter
Umschlaggestaltung: Peter Kunz, Zürich
ISBN 3-7228-0370-5

INHALT

RUF UND REGEL

GELEITWORT

Im Jahr 1980 veröffentlichte Silja Walter – Schwester Hedwig Maria OSB vom Kloster Fahr bei Zürich – den folgenden Text zum ersten Mal. «Ruf und Regel» hat sie ihr Buch damals genannt. Nach weiteren 16 Jahren «Erfahrungen des Glaubens im benediktinischen Kloster» gibt sie ihm den neuen Titel. Anliegen und Ziel sind das gleiche geblieben: Zeugnis zu geben vom Ruf der Regel. Silja Walter hat diesen Ruf vernommen und ist ihm gefolgt. Doch diesen Ruf kann man nicht einfach einmal gehört haben, um sich dann nur noch von ferne an ihn zu erinnern. Es könnte sonst eines Tages passieren, daß der einst gehörte Ruf wie etwas vor langer Zeit Geschehenes wird, von dem es heißt: «Es ist schon so lange her, daß es bald nicht mehr wahr ist.» Nein, dieser Ruf ist täglich neu zu hören «mit aufgeschrecktem Ohr»: «Heute, wenn ihr seine Stimme hört» (Regel, Prolog 9-10 mit Ps 94,8). Das Heute war gestern, ist jetzt und wird morgen wieder sein! Der Ruf will nicht verstummen, er muß immer neu gehört werden. Die Regel ruft ja.

Aber da ist immer vom Rufer die Rede. Die Regel hat eine Stimme, ist selber sprechendes Wort, lebendige Stimme des göttlichen Rufers. Sie hat sich selber «unter die Führung des Evangeliums» gestellt (Regel, Prolog 21). Evangelium ist da das ganze verschriftlichte Gotteswort. Und Silja Walter ist es in wunderbarer Weise gelungen, die Einheit von Schriftwort und Regelwort aufzuzeigen und nachzuleben. Wie für den Regelschreiber ist auch für sie «jede Seite oder jedes von Gott beglaubigte Wort des Alten und Neuen Testamentes eine ganz zuverlässige Wegweisung für das Menschenleben» (Regel 73,3). In dieser Weise kann die Regel nur mit dem «Ohr des Herzens» gehört werden (Regel, Prolog 1). Die den Ruf der Regel Vernehmende hat das «Ohr des Herzens» gepflegt und öffnet es weit.

Diese Hörkultur läßt einen Raum entstehen. Wenn die rufende Regel ruft, endlich einmal aufzustehen, zu laufen, sich entreißen und versetzen zu lassen, dann weckt sie räumliche Vorstellungen. Ihnen ist jetzt der passende Name gegeben: Garten. Der Ruf kommt aus dem Garten und ruft in den Garten. Gemeint ist der Paradiesesgarten, in den Gottes Ruf zuerst erging und nach dem ersten Menschen rief. «Wo bist du?» (Gen 3,9). Der Angerufene hatte sich versteckt und mußte sich doch dem Ruf stellen. Seither bleibt der Mensch der Gerufene, der sich immer wieder Versteckende, und der doch kein mehr ihn ganz verdeckendes Versteck finden kann. «Niemals konnte sich Adam ganz den Händen Gottes entziehen» (Irenäus, Gegen die Häresien V 1,3). Gleich am Anfang der Regel heißt es: «Damit du durch die Mühe des Gehorsams zu dem zurückkehrst, den du durch die Trägheit des Ungehorsams verlassen hast» (Prolog 2). Durch den Gehorsam, zu dem die Regel ruft, ins Paradies zurückkehren! Silja Walter malt nun keine idyllischen Paradiesesbilder. Sie bemüht auch nicht die unüberhörbare Metaphorik der monastischen Literatur, in der die Hütte des Einsiedlers, die Eremitenkolonien und die geordneten Klöster als Paradies gefeiert werden. Sie erfährt und erleidet das neue Paradies mit dem zweiten Adam, mit seinem Leiden, Sterben und Auferstehen.

Garten ist Land, das begangen werden kann, das bebaut und gepflegt wird. Das Kloster an der Limmat hat solch einen Garten. Freilich geht es nicht um diesen Garten. Oder doch? Auch dieser Garten ruft. Und die Gerufenen sind dort immer Anfangende; sie fangen an, säen, stecken, pflanzen. Sie fangen an, das Ausgesäte und Eingepflanzte zu pflegen und zu hegen. Sie fangen an, mit dem Wachsenden zu zittern, zu bangen und zu hoffen auf die Reife, die Ernte. Die Ernte ist kurz – und wieder ruft der Anfang. Die Kirchenväter haben in nimmermüdem Schreiben die

Landkultur mit der Seelenkultur verglichen. Schwester Hedwigs Garten ist der rufende Paradiesesgarten, in dem ich selbst die Pflanze und der gerufene Pflanzer bin. Hineinversetzt und wieder versetzen; reifend, zur Reife helfen und einfach reifen lassen. Es ist gut, daß die Regel in den Garten hineinruft: «An Gottes Barmherzigkeit nie verzweifeln!» (4,74). Auch daß Pflanze und Pflanzer mit dem Psalmisten schreien dürfen: «Herr, laß mich in meiner Hoffnung nicht zuschanden werden» (Regel 58,21 mit Ps 118, 116). Der Garten mag schön und einladend sein. Trotzdem steht nur eine Hütte oder ein Zelt darin. In die Hütte und das Zelt dringt jeder Ruf, der ein behagliches Einrichten stört: «Stehen wir also endlich einmal auf» (Regel, Prolog 8)! Denn die Versuchung ist ja auch im Garten da. Sie kommt in vielerlei Gestalten. Die nicht ungefährlichste ist jene des sich Eingerichtethabens, des Fertigseins, wo das Leben nach der Regel in Langeweile erstarrt, in öder Routine verkommt und gelangweilte Routiniers sich im Laufstühlchen der Regel hin- und herschieben lassen. Doch die Regel ist ja nur für Anfangende geschrieben; aber es sind doch jene gemeint, die endlich den Mut und die Kraft haben, aus dem Anfang zu leben, um dann aus dem Anfang zur Vollkommenheit des klösterlichen Lebens zu eilen. Zweimal lädt die Regel in ihrem Schlußkapitel zur

Eile ein (Regel 73,2.8)! Silja Walter hat mit dem «Ruf aus dem Garten» keinen gelehrten Regelkommentar geschrieben. Philologie und Historie sind da nicht bemüht. Sie hat ihr Leben unter der Regel, ihre Erfahrung mit der Regel ins Wort gefaßt. Aber ist das nicht gerade die fruchtbare Bereitung für den Ruf der Regel? «Das Ganze des asketisch-monastischen Lebens», sagt Johannes Cassian, «besteht allein in der Erfahrung und im eigenen Vollziehen» (De institutis coenobiorum, Praef. 5). Und er meint dazu, nur der Erfahrene könne es weitergeben, der sich selbst mit ganzem Eifer und Schweiß darum bemüht habe. Hier wird nur solche Erfahrung vermittelt und geschenkt. Und die Leser werden es staunend vermerken: Schwester Hedwig ist nicht nur im Leben nach der Regel, im Hören auf ihren täglichen Ruf selbst gewachsen, mit dem Leben und Hören haben Regel und Rufer einen neuen Klang angenommen. Noch einmal Johannes Cassian; was er vom Hören auf die Hl. Schrift und vom Leben unter ihrem Wort sagt, gilt auch von der hier ganz persönlich vermittelten Erfahrung mit der Regel: «In dem Maße, in dem unser Geist sich im Umgang mit der Schrift erneuert, gewinnt die Schrift selber ein neues Antlitz. Ein tieferes Verstehen wird uns geschenkt und ihre Schönheit wächst mit dem Fortschritt des Verstehenden» (Conlatio Patrum XIV 11). *K. Suso Frank OFM*

DER RUF

Da vernahmen sie den Schritt Jahwes Gottes, der sich beim Tagwind im Garten erging, und der Mensch und sein Weib verbargen sich vor Jahwe Gott unter den Bäumen des Gartens. Jahwe Gott aber rief dem Menschen zu und sprach zu ihm: «Wo bist du?»
Gen 3, 8–9

Es ruft über den Fluß. Was ruft? Über welchen Fluß? Ich weiß es nicht. Es ist nicht eigentlich ein Fluß. Aber es ruft herüber nach mir. Überall ruft es herüber, der Fluß ist überall seither. Ich kann nicht nach Hause gehen, der Fluß läuft durch mein Haus, es ruft von drüben herüber durch mein Haus. Ich kann nicht auf Reisen gehen, alle Reisen führen nur immer durch den Fluß, und es ruft herüber, in alle Reisen hinein, nach mir.

Ich kann auch nicht zu meinem Freund gehen, da läuft der Fluß mitten durch unsere Freundschaft, und was da herüber nach mir ruft, kümmert sich um gar nichts.

Es gibt diesen Fluß, diesen seltsamen Fluß, seit es mich ruft. Seither gibt es die Ufer, das eine diesseits, das andere jenseits des Flusses, von dorther ruft es mich, Ruf und

Fluß, und seither red ich immer dasselbe. Es ist durchaus nicht bloß eine Stimme wie Johannes am Jordan, der den Ruf eines andern ruft, es ruft mich wie ein Rufer, der Rufer selbst ruft mich. Ich höre ihn dauernd über einen überall fließenden Fluß rufen.
Weiß jemand, wer der Rufer ist?
Weiß das jemand außer ihm selber?
Es gibt Leute, die glauben und behaupten, sie wüßten es. Was wissen sie? Woher wissen sie, was sie wissen? Wo haben sie den Rufer denn kennengelernt? In der Wüste, wie? Wieso in der Wüste? Hier herüben? Andere erzählen, er sei morgen gerade bei ihnen zuhause zum Essen. Wenn ich kommen wolle, um ihn zu sehen... Das möchte ich ja wohl sehr, aber da heißt es doch:

Wenn man zu euch sagt:
Siehe, er ist in der Wüste,
so geht nicht hinaus,
siehe, er ist in den Gemächern,
so glaubt es nicht.
Mt 24, 26

Da ist doch der Fluß, überall dieser Fluß, auch zuhause, auch in der Wüste. Es gibt keine Schiffe hinüber und keine herüber.

Es ist ein Ort,
von breiten Strömen rings umflossen,
auf die kein Ruderboot
sich wagt
und die kein stolzes Schiff
durchquert.
Jes 33, 21

Das ist kein Gedicht. Es ist eine klare Information, sozusagen die halbamtliche Erklärung eines Mannes mit Geist. Geist schenkt eine Art von Fernsehen. Jesaja sieht deutlich, daß es keine Schiffe gibt auf dem Fluß. Er sieht auch den Grund:

Denn dort wohnt
für uns
ein Herrlicher.
Jes 33, 21

Darum fahren keine Schiffe. Weil drüben ein Herrlicher wohnt. Das verstehe ich. Der kommt nicht zu uns herüber. Was soll er bei uns?
Bei uns gibt es wohl herrliche Gegenden, herrliche Museen, herrliche Sommerabende, herrliche Musik und eine herrliche Technik, aber keinen Herrlichen. Bei uns kann ein Herrlicher nicht wohnen. Der muß seine eigene Herrlichkeit um sich haben, die ist anders.

Woher ich das weiß? Ich weiß es nicht. Nein, ich weiß es wirklich nicht, ich weiß nur nicht, wie es anders sein könnte.

Ich glaube aber nicht, daß der Herrliche über den Fluß herüber ruft. Wozu soll er rufen? Und wozu nach einem Menschen? Das liegt nicht in seiner Herrlichkeit, das Rufen nicht und der Mensch nicht. Seine Herrlichkeit ist unzugängliche Finsternis, Fremde, Leere und Abgrund und Vernichtung für alles außer dem Herrlichen selbst.

Auch das weiß ich nicht, wie soll ich das wissen? Wissen kann das niemand herüben an unsern Ufern. Nur soviel kann sich einer sagen: Es könnte so sein, es liegt nahe, daß es sich so verhält. Wie könnte es denn anders sein?

Wäre es anders, dann brauchte sich der Herrliche doch nicht von Strömen umfließen lassen, auf denen keine Schiffe fahren dürfen. Im Gegenteil, er käme so oft er wollte selber herüber auf das Diesseitsufer und freute sich, uns seine Herrlichkeit sehen zu lassen.

Wenn er aber nicht ruft, wer ruft dann?

Wer ruft dann nach dem Menschen? Nach mir? «Niemand», sagen meine Nachbarn. Sie besprechen sich und sagen, ich sei nicht mehr ganz bei mir selbst.

Wenn ich «Nachbarn» sage, meine ich wohl

auch die Leute nebenan, obwohl ich mit ihnen nicht gesprochen habe über meinen Ruf – ja, meinen Ruf, sage ich, er gehört mir, er fängt an, mir zu gehören. Im Grunde verstehe ich unter «Nachbarn» alle Dinge um mich her, alles, was ein gewöhnlicher Mensch um sich hat, was man so sieht und hört um sich, worinnen man so tagsüber lebt, was im Verlauf der Zeit vertraut und vertraulich wird.
Das alles bekommt so eine Art von Fremdheit, eine Kontaktlosigkeit, eine gewisse – ich weiß nicht – Kälte oder Gefühllosigkeit. Alles ist rundum da wie immer, aber es ist alles wie abgereist.
Vielleicht liegt es nicht an den Dingen. Vielleicht liegt es an meinen Augen, meinen Ohren, meinem Geschmack und Gefühl, vielleicht sitzt die Sinnlosigkeit in meinen Sinnen. Vielleicht ist es wirklich so.
Was ich sehe, hat keinen Sinn mehr, was ich höre, hat auch keinen Sinn mehr, schon noch Sinn, gewiß, den ganz normalen Sinn, aber nicht mehr die Sicherheit von Wirklichkeit. Die Augen fangen an, sich zu weigern, das, was sie sehen, für ernst zu nehmen. Die Ohren fangen an, sich ebenfalls zu weigern, Musik gerne zu hören. Und so verweigern sie mir, die Wirklichkeit für wirklich zu halten, was doch mein

angestammtes Recht ist, als seien meine Sinne für etwas anderes gemacht.

Etwas anderes?

Der Herrliche, der Herrliche, immer dieser Herrliche –

Jemand muß angefangen haben, den Herrlichen «Gott» zu nennen. Wer wohnt denn anders jenseits? «Denn dort wohnt für uns...»

Wie ist das? Er wohnt nicht einfach nur. Er wohnt «für uns». Wohnen für jemanden – das ist etwas anderes.

Es ruft mich rundum, von rundum her. Was soll ich tun? Unser Haus, unsere Zimmer, alles in Ordnung, aber alles erweckt den Eindruck von Abreise, von Verreisen. Wer geht denn da fort? Wozu übrigens schöne Bilder?

Die Sinnlosigkeit geht mir langsam ans Herz. Ich bin nicht mehr, nein, bei mir bin ich nicht mehr – irgendwo, aber nicht bei mir.

Dann geschieht das und jenes, da wird etwas geredet, und da hört man etwas von Leuten, denen es ergeht wie mir. Sie bestätigen mir: Es gibt den Fluß. Es gibt den Ruf und die seltsame Blindheit, die seltsame Taubheit, die er bewirkt, und es gibt dieses Nichtmehrbeisichsein als Folge.

Und dann – wann, kann man nicht sagen – geschieht, was man nicht erzählen kann. Man hört in den Anfang zurück, woher der Ruf ausgeht. Und dieses Hören ist auch ein Sehen. Es sieht in den Anfang zurück.

Berichtet dem Johannes,
was ihr hört und seht:
«Blinde sehen – Taube hören»!
Mt 11, 4–5

Wieder Johannes der Täufer – was war denn damals? Fluß, Ruf, Taufe, sehende Blinde, hörende Taube...
Das weiß ich: Es gibt neue, ausgewechselte Ohren, es gibt neue, ausgetauschte Augen. Die Wand ist durchbrochen, die unsägliche Wand zwischen der Welt und der Wirklichkeit.
Von da an höre ich, was er mir zuruft: «Wo bist du?» Das ist der Ruf über den Fluß herüber bis zu mir her, der Ruf aus dem Anfang:

Jahwe Gott aber rief den Menschen
und sprach zu ihm: «Wo bist du?»
Gen 3, 9

Mein Ruf – der erste Ruf an den ersten Menschen von dort, wo der Herrliche wohnt.
Da liefen ja noch vier Flüsse, aber der Herrliche war nirgends jenseits, er kam überall da-

her auf seinen Menschen zu, um mit ihm zu sprechen, auf seinen schönen ersten Menschen, den Mann und die Frau. Da brauchte es keinen Ruf von irgendwoher aus der Ferne herüber, da war nur Nähe. Denn das Wort aus der Herrlichkeit erreichte den Menschen immer gleich, erreichte ihn ganz und es kehrte aus dem Menschen zurück zu Jahwe Gott. Es gab nur Zugänglichkeit hin und her, und die Flüsse umflossen sie. Sie umflossen die offene Herrlichkeit, Schiffe waren da nicht nötig, sowenig wie das Rufen, es gab kein Jenseits. Es gab nur das Hier.

Aber eines Tages, als Gott mit dem Menschen sprechen wollte, war der nicht da. Er hatte sich im Gebüsch am Fluß drunten versteckt, denn er sah, daß er tot war. Darüber verbarg er sich vor Scham, man weiß ja, er hatte gegessen. Und da hörte er den Ruf aus der Ferne, von weither, über den Fluß herüber: «Wo bist du?»

Von da an gibt es das Jenseits. Seither muß Gott nach mir rufen, denn jeder ist seither der erste im Gebüsch versteckte, tote Mensch, der es vor Scham nicht wagt herauszukommen und offen in der Herrlichkeit zu stehen. Das Hier ist weg, verlorengegangen. Jetzt weiß ich, was ich höre, und seither weiß ich, wer ich bin. Ich bin, was jeder ist, der erste Mensch, und höre

den Ruf aus dem Genesisgarten über den Fluß: «Wo bist du?»
Das ist der Ruf, mit dem jeder gerufen wird. Ich höre ihn. Der Ruf aus dem Anfang ruft nach mir.
Jetzt gibt es kein Wohnen mehr. Es gibt kein Bleiben und Ruhen mehr, weil es kein Zuhause mehr gibt bei sich. Was richtig war, was sein mußte, was nicht anders sein konnte, geht nicht mehr. Ein in der Luft von der Kugel gestreifter Vogel ist derselben Ansicht.
Der Ursprung fängt nämlich an, über den Fluß zu kommen, er ruft, er kann es nicht lassen, und damit kommt er selber herüber. Im Ruf ruft sich der Rufer herbei rund um mich, im Rufen ruft sich ja immer jemand heran.
Der Ursprung beginnt sich auf mich zu, auf mich los zu rufen. Alles, worin man lebt, kann nichts dagegen tun, die ganze Ansammlung von Tatsächlichem kommt nicht gegen ihn an, er kommt quer zu allem oder quer gegen alles, da hilft nichts, in ihm ist nämlich tatsächlich etwas gegen alles.
Davon bekam die dicke Vordergrundscheibe querdurch einen haarscharfen Sprung, und nun gibt es das Andere.
Es gibt das mächtige, das übermächtige Andere,

so zart wie gar nichts, so zart, so leise wie nichts in der Welt. Auf der ganzen Erde, Sternenhimmel eingeschlossen, gibt es nichts so Leises, Denken, Fühlen und Lieben eingeschlossen, es ist noch unsäglich leiser, und doch hat es die Weltscheibe gesprengt.
Am Ende gibt es am Ende nur noch das Andere. Überhaupt nur. Am Ende von allem.
Wen es am Flügel trifft, der fliegt nur noch im Kreis, er geht nur noch immer rundum im Ruf, denn außerhalb des rufenden Ursprungs, der sich heranruft, weiß er nicht mehr zu sein, das Sein außerhalb stimmt nicht mehr.
So einer muß fort. Wohin aber soll er gehen, wo es jetzt so um ihn steht?
Da geh ich dem Weltvordergrund entlang, hin und her, der Scheibe entlang, und versuche, dahinter zu kommen. Ich meine, hinter der Spiegelscheibe sei etwas. Aber ein Spiegel ist eine infame Täuschung. Dahinter ist genau das Davorne, nur seitenverkehrt. Trotzdem bringe ich es nicht über mich, nicht immer weiter an der Scheibe entlang zu gehen im Hinblick auf eine Öffnung ins Ganze, auf die man irgendwie unvermutet zu stoßen das Recht hat. Aber wenn man an die Scheibe klopft, klingt sie schlecht. Sie hat einen dicken Sprung. Der Vordergrund ist zersprungen. Das kommt vom Ur-Sprung. Der

sprang offensichtlich einmal in die Scheibe, mitten hinein.

Rufer, sei still. Sei ein wenig still, eine Weile nur, damit ich mich besinnen kann. Wer weiß denn wohin und was tun, wenn er nicht mehr bei sich zuhause ist? Alles muß jetzt gründlich überlegt sein, gründlich, bis in den Anfang zurück. Ich zweifle aber zunehmend am Vorhandensein eines Auswegs. Denn der Zwischenraum zwischen dir, Rufer, und mir, fängt an zu schmelzen, du fängst an, den schönen, den braven, in der Natur der Sache liegenden Zwischenraum zu verengen.

Ich sprach mit einem älteren Mann darüber. Er besaß einen wundervollen schwarzen Wagen. Er saß aber immer darin, als sei es zum letzten Mal. Das hat er mir selber gesagt. Er las viel über ähnliche Fragen wie die, in denen ich stand, er verstand sie. «Der Zwischenraum schmilzt, wissen Sie», sagte ich zu ihm und ich erklärte ihm auch meine Erklärung dafür. «Es gibt keinen Ausweg, der Ursprung fängt an, alles zuzudecken mit seinem Ruf, auch die Auswege.»

Vielleicht habe ich es nicht genau so gesagt. Aber er fuhr mit mir in einen gotischen Hof, der früher zu einem Kloster gehört hatte. Darin wohnten jetzt die Kantonspolizei und der Primarlehrer. Der Mann wußte aber die ganze Geschichte, die sich hier abgespielt hatte – durch die ganze Säkularisation rauschte hier der Ursprung auf einen zu. In diese Erfahrung hat er mich hineingefahren an jenem Abend. Das war seine Antwort.

Beklemmend und leuchtend wurde mir da klar: Das Andere ist da. Man kann es nicht wegschwatzen, nicht wegdenken. Man kann zwar weiterschwatzen, weiterdenken, aber das Andere bleibt, es gibt nichts mehr ohne das Andere, nichts mehr ohne den Ursprung, der sich ins Ganze hinaus und hinein ruft, als wäre er ganz allein da, durch die ganze Zeit und Geschichte und Säkularisation hindurch. Das Andere. Wie lange schon wetterleuchtet es, jenseits des wilden Waldes meiner Gedanken, jenseits der Hügel meiner Sehnsucht, jenseits der Wahrnehmungen meiner Augen und Ohren, die ich nicht mehr für bare Münze nehmen kann –

Dann sprang der Blitz heraus. Der Blitz aus dem Anfang, aus dem Aufgang, von dorther, wo alles aufgeht –

Das war unter einem riesigen Kastanienbaum voller Blütenkerzen, morgens um acht. Ich trug einen weiß und rot geblümten weiten Rock. So hat mich das Andere, der Andere angetroffen und mitgenommen, auf der Steintreppe, dort, weiß und rot geblümt – daß ich das nicht vergesse, seltsam. Ja, es war ein Kastanienbaum.

Bei Nathanael war es ein Feigenbaum gewesen. Er werde die Engel auf- und niedersteigen sehen über dem Menschensohn, hatte ihm der Andere damals gesagt. Das Andere ist nämlich jemand.

Wenn das aber geschieht, damals wie heute, dann taucht sofort die Frage auf:

Wo wohnst du?
Joh 1, 38

Dann ruft man zurück, man ruft sogleich diese Frage über den Fluß in den Anfang zurück, die Fragen kreuzen sich jetzt wie Schiffe, also doch Schiffe herüber und hinüber – aus dem Ursprung herüber: «Wo bist du?» und von der Steintreppe zurück: «Wo wohnst du?»

Irgendwo über dem Wasser treffen sie sich. Und wo sie sich treffen, treffen sich beide Ufer, und dort klingt dann auf: «Hier!» Der Herrliche – er ist doch herübergekommen! Zu uns herüber. Er wohnt also hinter den Strömen für uns, Jesaja hat richtig gesehen.

Zieh fort aus deinem Land,
aus deiner Verwandtschaft
und aus deinem Vaterhaus
in das Land, das ich dir
zeigen werde.
Gen 12, 1

Ich habe mich beraten lassen. Von Leuten, die sich in diesen Fragen auskennen. Sie sagten: «Doch, ja, versuchen Sie es mit einem Kloster.»
Ich hatte von Klöstern gehört, die sozusagen um den Ruf über den Fluß herum gebaut sind. So dachte ich mir ein Kloster als Kugel voller Stille, worin die Tage rundum laufen um die immer neue Erfahrung des Andern.
Darum wollte ich ziemlich, ja wirklich beinahe sogleich in eine Klausur eintreten. Die Säkularisation hat ja glücklicherweise einige Klöster mit Klausuren stehen lassen. Aber ich habe mich erkundigt zuvor, wie ich schon sagte, und man hat mir ausdrücklich bestätigt, für den Anfang sei das richtig.
Für den Anfang? Sie meinten, zur Abklärung meiner Berufung. Man könne dann immer noch sehen, falls es sich herausstelle, daß die Klausur

nicht das Richtige sei für mich. Es handle sich vorderhand um den richtigen Anfang.
Nicht vorderhand, immer und nur. Überhaupt nur, nur um den Anfang handelt es sich, um den Rufer aus dem Anfang, der angefangen hat, mich zu treffen und mitzunehmen. Um den Ort handelt es sich, um den Raum, meinen raum- und ortlosen Andern immer zu treffen, wenn er eintrifft, um den Raum, den Ort, wo man anwesend ist in diesem Augenblick. Und da ich überzeugt war, die Klausur sei dieser Ort, trat ich in ein klausuriertes Kloster ein. Abends um sechs Uhr quer durch einen Strom von Ausflüglern, die in die Stadt zurückkehrten, dem Fluß nach gegen die Brücke zu.
Ein vergittertes Gesicht im Tor, die Pförtnerin. Sie lacht freundlich, dreht den kleinen Holzflügel zu, und kurz darauf öffnet sie die Pforte.
Gittergesicht im Tor, damit beginnt es. Das ist die Öffnung, größer als ein Gesicht braucht sie nicht zu sein für das Dahinter, hinter der Welt, hier ist die Öffnung in der Scheibe. Die Öffnung. Man benennt sie richtig, wenn man sie «Kloster» nennt. Da geht es hinein, hinein. Wie gut, daß ich hierhergekommen bin. Am Passionssonntag, abends um sechs Uhr. Alles ist gut. Hier innen geht es um den Anfang, um

meinen Anfang, um den Anfang des Ganzen. Das genügt.
Alles ist gut.
Jetzt weiß ich, was gut ist, was das ist: gut. Das, was am siebenten Tag war, als der Herrliche den Anfang des Ganzen überblickte. «Sehr gut», sagte er und ruhte dann aus in seiner Herrlichkeit.
Ich habe an diesem Frühlingsabend die Öffnung ins Ganze gefunden, unten, am Fluß, als ich ins Kloster eintrat. Jetzt suche ich nur noch das Gesicht darin. Dann bekam ich eine Zelle. Sie roch wie ein Berghaus, nach Holz und Thymian und Honig. Unten läuft ein kleiner Bach durch den Gemüsegarten und eine ganze Reihe weißer Lilien dem Ufer nach. Die duften auch herein. Rufer, da bin ich. Da, da bin ich, siehst du?
Dann kam die Nacht, dann kam der Morgen, es war aber noch nicht Tag, der Morgen kam viel früher. Ich fürchtete mich in der Folgezeit nachts vor dem frühen Morgen, wo die Tür aufging und man heraus mußte, hinein ins klösterliche Leben. Es gibt keine Hähne mehr, die auf dem Dache stehn und krähen vor dem Morgenstern – nur noch in den Morgenhymnen zur Laudes. So früh, wie die Nonnen das Morgenlob singen, kräht kein anständiger Hahn.

Das war das erste Neue am andern Morgen, lange vor Tag, das Lobsingen in der Öffnung, zurück ins Ganze hinein. Da muß natürlich gesungen werden, von den irdischen Rändern her, hinein, zurück. Da muß die Erde, wenn sie hineinschaut, sogleich singen, wenn sie nur ganz schwach hineinsieht, sie sänge von selber, täten wir es nicht. Dann sängen die Steine «Hosanna!».

Ich sage euch,
wenn diese schweigen,
werden die Steine rufen.
Lk 19, 40

Das hat er gesagt. Wörtlich. Wir werden solange singen, bis sein Gesicht erscheint in der Öffnung. Der das gesagt hat, der ist es, denn er hat persönlich erklärt:

Ich bin das A und das O,
der Anfang und das Ende.
Offb 22, 13

Der Anfang ist jemand, ein Mensch. Das Andere ist ein Mensch, der Ganzandere ein Mensch wie wir, der Herrliche ein Mensch, mein Gott!

Das Leben in der Öffnung ist trotzdem so gewöhnlich wie draußen. Essen, Schlafen, Reden, Lachen und alles weitere: Schnupfen und Zahnweh, Staubsaugen und Fensterputzen, die Küchenprobleme, der ganze Haushalt, alles was man zu tun hat im Garten und Bügelzimmer, in der Nähstube und in der Kräuterapotheke, in der Bibliothek und im Gewächshaus – wie draußen.

Das beunruhigte mich. Warum war das nicht anders? Wie anders wußte ich nicht, aber nicht anders, war das richtig? Wenn sich der Erfinder des Klosters getäuscht hätte?

Rufer, das beste ist, ich rekapituliere: Für den Anfang sei die Klausur richtig bei diesem rundum gehörten Anruf. Von der Erfahrung der gesprengten Weltscheibe habe ich nichts gesagt. Bin gegangen, eingetreten, Öffnung, dahinter das Gesicht des Andern – natürlich nur aus Hoffnung und Glauben und Verlangen gemacht – gesehen. Ach du mein lebenslänglich vergittertes, nicht sichtbares Gesicht meines Ursprungs!

Ein Mensch ist er ja doch, ein Mensch, ganz anders, aber ein Mensch, ein ortloser, raumloser Ganzanderer. Der braucht keinen Ort, um niederzugehen.

Will er vielleicht auf Erden gar nicht niedergehen? Wieso nicht? Doch, er will niedergehen, er ist doch der Aufgang, der endlos niedergehende Aufgang des Anfangs in die Welt hinein. Wo er auftrifft, da wird sie ortlos, da wird einer fremd und vertrieben aus seinem Haus, ein Unbehauster, ein Armer wird so einer dann. Genau genommen ist so einer nur noch im Nirgends zuhause in gewissem Sinn, dort wird er getroffen vom wunderbaren Andern, dem Aufgang, dem Niedergang, diesem Menschen.

Die Füchse haben ihre Höhlen,
die Vögel ihre Nester,
der Menschensohn hat nichts,
wohin er sein Haupt legen kann.
Lk 9, 58

Er weiß nicht, wo er niedergehen kann? Woran liegt das? Alles besetzt. Die ganze Welt besetzt, kein Platz, keine Wohnung frei –
Ich vermute im Gegenteil: viel zu viel unnütze Angebote komfortabler Häuser, Wohnungen, Hotels, aber nirgends genug Armut, Freiheit, Leere. Alles viel zu sicher eingerichtet für den ort- und raumlosen ewigen Unbehausten, der niedergehen will unter uns.
Und so kam ich darauf: Die Klausur ist nicht

schon an sich dein Ort auf Erden, Rufer, nicht schon an sich dein Haus oder dein Zelt, nicht schon an sich die Stätte deines Bleibens, deines Kommens und Bleibens.

Mir bleibt daher nichts übrig, als ebenfalls nirgends mehr zu wohnen, auch nicht in der Klausur, schon, aber nicht an sich, nicht eigentlich. Ich muß mich in der Armut einrichten. Denn dort gehst du am ehesten nieder, wo nichts ist, da willst du hin, das liegt in deinem Wesen, Rufer, du rufst dich immer in eine Leere hinein, sicher nicht in einen besetzten Saal, ich meine nicht in ein bis oben gefülltes Herz, da geht der Ruf nicht durch, geschweige dann der Rufer hinein. – Ist das Wahrheit?

Was ist Wahrheit?
Joh 18, 38

Pilatus wußte nicht, was ich weiß, als er dir diese Frage stellte. Er hatte nur seine alten Ohren, seine alten Augen. Hätte er die ausgewechselten gehabt, die neuen, er hätte sich ruhig in Rom diskriminieren lassen, hätte seine Toga weggeschmissen und wäre mit Jesus gegangen. Er wußte aber nicht, daß Jesus der Anfang ist, der neue, ganz andere, der Ursprung, das heißt: die Wahrheit.

Mehr weiß ich auch nicht. Ich weiß überhaupt nichts, oder ist es vielleicht wichtig, daß ein neugeborenes Kind weiß, daß es soeben zur Welt gekommen ist? Ist es darum nicht geboren, weil es nichts davon weiß? Es lebt, das genügt ihm.

Der Wind weht, wo er will.
Du hörst wohl sein Brausen,
aber du weißt nicht,
woher er kommt
und wohin er geht.
So verhält es sich mit jedem,
der aus dem Geiste geboren ist.
Joh 3, 8

So einer weiß nichts, er kommt eben zur Welt, immer ist er eben zur Welt gekommen.
Es ist wirklich so: Immer bin ich jetzt eben daran, zum ersten Mal meine neuen Augen zu öffnen, um zu sehen, meine Ohren aufzutun, um mich angerufen zu hören, von meinem Anfang angerufen. Um ihn zu mir reden zu hören aus dem Ursprung, aus dem er kommt. Was soll ich also schon oder noch wissen?
Alles Wissen ist vorderhand hier ausgeschlossen, erst muß ich leben in der Wahrheit, ehe ich weiß, was sie ist.

Mein Rufer aus dem Garten, nicht wahr, erst muß ich in der Wahrheit zu leben beginnen, in ihr atmen, gehen, laufen, sie essen, trinken, in ihr wohnen, beten, schlafen, arbeiten, spielen und tanzen, das braucht aber Zeit, das braucht alles Zeit, nicht wahr? Wissen ist nicht wichtig, im Wissen kann ich nicht leben aus dir, Ruf, der du mich zur Welt bringst, nachdem du mich gezeugt hast. Wieso weiß ich das? Das weiß ich doch nicht, aber ich werde es sehen und einsehen, das schon.
Wenn ich es umdrehe, was du gesagt hast zu Nikodemus, dann hast du zu ihm gesagt: «Wenn einer wiedergeboren wird, dann kann er das Reich Gottes sehen.»
Darin liegt es, das Neue, die Geburt, das Sehen, alles, was geschieht, wo ein Armer in deinem Niedergang steht.
Wirklich, nur in der Armut kann man leben aus dir, im Wissen nicht und im Haben nicht, nur in der Armut, sie ist der Ort für die Wahrheit.
Wer dasteht, seine eigene Geburt sieht und die Wahrheit wahr-nimmt, der braucht keinen Komfort mehr, er will nur noch immer im armen Leben angetroffen sein.
Ich werde mich also in der Armut einrichten, um dort aus dem Anfang, aus der Wahrheit des

Ursprungs als Anfänger geboren zu werden, immer von neuem, jeden Augenblick.
Man versteht das sicher, wenn man die Geburt, die Nikodemus nicht begriff, wenigstens für möglich hält.
Also Mauern, Dach, Möbel, alles aus Armut hergestellt. Das ergibt ein geeignetes Haus für meinen Anfang aus der Genesis und für mich, für uns zusammen, es ist natürlich eher eine Hütte. Aber sie setzt sich durch, man wird sehen, durchs ganze Kloster, eine ganz enge, niedrige, leere Hütte, worin nichts Platz hat außer dem Himmel oder dem Reich Gottes auf Erden, ist das nicht dasselbe, also der Himmel – und ich. Ja, natürlich, und ich, der Aufgang aus der Höhe, was dasselbe ist, und ich. Eine Hütte. Ich trage sie nun durch unser Kloster, ich trage sie ständig mit mir als Anfänger, der immer neu aus dem Anfang zu leben anfängt.
Das merkt aber niemand. Man trägt sie ohne alles Aufsehen, wohnt ganz unauffällig darin, belästigt möglichst niemand damit und redet auch nicht davon.
Im übrigen richtet sich in der Klausur jedermann früher oder später in der Armut ein, das ist nichts besonderes.
Wie sich das aber abspielt, etwa im Hinblick auf das Chorgebet, könnte man kurz in seinem

ungefähren Verlauf etwa in dieser Weise schildern:
Ich gehe morgens früh in die Vigil.
Türe auf, Türe zu.
Treppe hinab, durch den Kreuzgang.
Treppe hoch, Türe auf, Türe zu,
in die Chorstalle, hintere Reihe,
zweite von vorn am Gitter, links,
in die Psalmodie, die soeben einsetzt.
Rechts singt man etwas zu hoch,
links etwa einmal zu schnell,
man steht inzwischen in seiner Hütte
und singt.
Man singt die Stunde durch,
singt sie durch bis zum Schluß,
wo der Anfang gepriesen wird mit dem großen:
«Denn dein ist das Reich und die Kraft und die Herrlichkeit in Ewigkeit, Amen.»
Und alles verläuft dann umgekehrt zurück,
verläuft hinunter ins Refektorium,
verläuft in die Zelle hinauf,
verläuft in die Messe, wieder ins Chorgebet,
wieder Türe auf, Türe zu, Treppe hoch und so –
verläuft und verläuft tagsüber bis neun Uhr nachts, wo sich dann alles verlaufen hat.
Aber ich bin in der Hütte geblieben, wo ich keinen Augenblick fehlen darf, da ich da immer geboren werde, den ganzen Tag in der Wahr-

heit der Armut, neu geboren von oben. Das sieht man dann.

Es ist zwar schwierig, in der Hütte zu bleiben in einem so gut geregelten, aufs beste eingerichteten Haus, wie es Klöster im allgemeinen heute sind. Warum soll es jedoch leicht sein? Was bedeutet die Schwierigkeit vor der Tatsache, daß man in der Hütte des armen Lebens immer angeschaut, immer erkannt, immer bei seinem Namen gerufen wird? Daraus geschieht etwas. Was geschieht? Ich geschehe. Nach deinem Willen, Anfang, Gott!

Und immer siehst du an, was geschieht, was da geworden ist, und da es nach deinem Willen in der Wahrheit der Armut geschieht, sagst du: «Es ist gut.» Das sagst du dann, Anfang, zu mir, und ich freue mich mit einer Freude, wie es sonst keine gibt.

DIE REGEL

Höre Israel! Du ziehst jetzt
über den Jordan.
Dtn 9, 1

DER ANFANG

Ich bin der Anfang
und das Ende.
Offb 21, 6

Bald nachdem ich eingetreten war im Kloster, gab man mir ein Buch. Ich besah es. Es war die Regel, nach der wir zu leben haben in der Klausur. Wozu eine Regel? dachte ich. Ich werde kaum dazu kommen, sie zu lesen. In meiner Hütte verläuft alles völlig geregelt. In die Armut hinein, ins Nirgends, will sagen, ins Ganze.

Aber ich sagte nichts. Man hat in der Klausur auch wenig Zeit, um Gespräche zu führen über das, was man denkt, anzunehmen geneigt ist oder ablehnt. Man muß sich dauernd beeilen mit Wohnen im armen Leben, wo das Reich Gottes, man kann es auch so ausdrücken, hereindrängt.

Man kann aber auf die Dauer nicht in der Wahrheit der Armut, das heißt, in der Armut der Wahrheit zu leben versuchen, ohne auf die

Perlmuschel zu stoßen. Eines Tages stößt man wie von selbst darauf, eine Muschel im Meer, eine Perlmuschel, diese Regel! Man hört in ihr das Urmeer rauschen, den Anfang hört man in ihr, seinen Ruf, sein Rauschen auf eine alles durchdringende Weise.

Als ich eines Abends die Regel an mein neues Ohr hielt, während ich sie zu lesen begann, hörte ich wie nie in meinem Leben zuvor meinen großen Ruf in ihr tönen, den Ruf an den Menschen im Genesisgarten:

Wo bist du?
Gen 3, 9

Mein Ruf rief nach mir aus ihr. Sie hat das ewige Meer, sie hat das grundlose Anfangswort in sich, die Perle, ich meine die Geburt aus dem Geist, die Wahrheit und damit das Ganze.

Da steh ich wieder wie hereingeholt aus einem Draußen in einen Innenraum. Das geht ja grundlos nach innen auf in diesem Haus; kaum hat man eine Türe hinter sich zugeschlossen, geht in der Wand eine Tapete weg, und ein Korridor dahinter führt ins Dunkel, tiefer hinein. Kloster, Klausur, Zelle, Regel, alles ineinanderliegende, nach innen zu sich öffnende Räume. Der innerste wie eine Muschel, die Regel, wird die

Perle bergen, die endgültige Öffnung in den Anfang eröffnen.

> Höre, mein Sohn.
> Prolog, 1

Das ist ihr erstes Wort an mich, hören soll ich. Die Regel weiß offensichtlich alles. Sie weiß, daß der Anfang ruft.

> Höre, mein Sohn,
> auf die Lehren des Meisters
> und neige das Ohr deines Herzens;
> nimm die Mahnung
> des gütigen Vaters
> willig an
> und erfülle sie durch die Tat.
> So wirst du durch die Mühe
> des Gehorsams
> zu dem zurückkehren,
> von dem du dich in der Trägheit
> des Ungehorsams
> entfernt hast.
> Prolog, 1–2

Sie weiß genau, was geschehen ist am Anfang, im Garten, und daß auch ich im Gebüsch sitze vor Angst, weil ich tot bin, genau genommen, tot, von mir aus endgültig umgekommen. Die Regel ist völlig im Bild über die Ausgangslage. Wenn ich meinen Anfang treffen will, den seligmachenden ersten, muß ich heraus aus den Büschen und zurück. Das hat sie mir bei der ersten Begegnung ohne Umschweife eröffnet. Sie weiß auch Bescheid hinsichtlich des neuen Gehörs. Sie nennt es «das Ohr des Herzens». Nach ihr ist es also mein Herz, das zurückhört in den Anfang, das den Anfang zu mir sprechen hört. Das Herz soll ich öffnen für ihn, sonst höre ich ihn nicht. Das verstehe ich, aber ich weiß es nicht, man versteht oft, was man nicht weiß; verstehen, ohne zu wissen, ist gut und schön.

Aber da hat nun die Regel mit mir zu reden angefangen. Will sie mich vielleicht eine Lehre lehren, die ich in Abschnitten zu lernen habe? Dazu habe ich aber sicher keine Zeit. Oder soll ich denn nicht mehr in meiner Hütte geboren und geboren werden in die Wahrheit, in den Ursprung hinein?

In der Regel rauscht die Genesisgeschichte, meine Geschichte, das Davonlaufen und das Zurückkehren. Das ist die ganze Lehre. Darin bin ich längst. Weiß aber die Regel, daß ich weiß, daß der Anfang jemand ist und daß ich hergekommen bin, nicht nur seinen Ruf zu hören, sondern auch um sein Gesicht zu sehen? Er ruft mich ja doch nur dazu zu sich her.

Der Meister ist da
und ruft dich.
Joh 11, 28

Das sagt mir die Regel leise, wie Martha von Bethanien zu Maria, ihrer Schwester, wenn sie sagt: «Lausche, mein Sohn, den Lehren des Meisters ...», damit ich wie jene Maria sogleich aufstehe aus dem Totenzimmer des alten Menschen, zum Meister laufe, mich zu seinen Füßen hinsetze und seinen Worten lausche, lausche, als gälte es mein Leben. Es gilt mein Leben! Genau wie damals am Lazarusgrab. Da wurde auch einer buchstäblich vom Anfang aus den Büschen des Todes herausgerufen, zurück zum Ursprung, in die Arme des Herrlichen, ins Leben.

Habe ich dir nicht gesagt,
wenn du glaubst,
wirst du die Herrlichkeit Gottes
schauen?
Joh 11, 40

Seit diesem Ereignis beginnt sich auf Erden die

Frage zu behaupten: «Ist der Herrliche wirklich in der Welt erschienen?»
Sie kann der Grund sein, warum man alles verläßt und nur noch auf die Öffnung ins Ganze hin lebt.
Hier, ein paar Minuten außerhalb von Bethanien, wurde offenbar, was die Herrlichkeit des Herrlichen auf unserem Ufer bewirkt: Sie macht einen Toten lebendig. Der Herrliche selbst aber läßt sich «Meister» nennen. Zu ihm hin holt uns die Regel, kaum daß man sie gesehen und gehört hat.
Und wie Lazarus, der Tote in seiner Grube, höre auch ich in meinem Grabgebüsch seine Stimme:

Komm heraus!
Joh 11, 43

Wohin? Heraus aus dem Tod, weg von meinem Ort. Mein Ort? Wo lag der? Im Tod. Da bin ich doch hingegangen wie Judas, von dem es heißt, er sei abgeirrt,

um an seinen Ort zu gehen.
Apg 1, 25

Sein Ort war der Baum, an dem er sich aufge-

hängt hat, sein Ort, mein Ort – ich bin ja auch abgeirrt – war der Tod.
Immer deutlicher höre ich meinen Ruf über den Fluß herüber. Er ruft mich heraus aus dem Tod. Wohin? Rufer, Meister, du wirst es wissen, du weißt, was draußen ist. Lazarus wußte es auch sogleich. Als er die Augen aufschlug, war er heraus, und draußen stand der Rufer. Und er sah niemand draußen stehen

als Jesus allein.
Mt 17, 8

Jesus ist der neue Ort, wohin man gehört, wenn man herauskommt aus dem Tod und sie einem die Binden lösen.

Macht ihn los
und laßt ihn gehen!
Joh 11, 44

hat er gesagt.
Er gab ja dann seinem Apostel ausdrücklich die Vollmacht, unsere Leichenbinden zu lösen:

Was du auf Erden lösen wirst,
wird auch im Himmel gelöst sein.
Mt 16, 19

Das alles geschieht jetzt an mir, ich brauche Zeit, um das zu verstehen. Raum und Ort und Zeit sind herausgenommen jetzt in diesem Draußen vor meinem Lazarusgrab.

Die Regel muß den Schlüssel haben zu den Geheimnissen des Himmelreiches, ich sehe, ich werde nicht mehr zur Ruhe kommen, das Alte ist vorbei, der Anfang ist da.

DAS ENDE

Als ich den Anfang der Regel gelesen hatte, wollte ich sehen, was sie am Ende sagt. Dort mußte man, wenn alles gut verlief, im Anfang angekommen sein.
Was hat der Mann, der sie schrieb, am Schluß noch zu sagen?

> Darum sage ich zu jedem,
> der rasch zum himmlischen Vaterland
> gelangen will:
> Befolge mit der Hilfe Christi
> zunächst diese bescheidene Regel,
> die wir für Anfänger
> geschrieben haben.
> R 73, 8

«Für Anfänger geschrieben», sagt die Regel am Ende. Für solche also, die der Anfang aus ihrem

Tod herausgeholt hat in sein Leben, das sind die Anfänger. Also für mich.

Habe ich also diese Regel bis ans Ende gelebt, dann bin ich ein vollendeter Anfänger oder endlich ein Anfänger geworden, endlich nichts mehr als ein aus dem Anfang lebender Mensch. Wie gut!

Am Ende wird der stehen, der am Anfang stand, am Ende wird der mich rufen, der mich am Anfang rief, am Ende wird der zu mir sprechen, der von Anfang an zu mir redet, am Ende wird endlich der Anfang endlos zu mir reden. Unendliches wird er am Ende zu mir reden. Wenn ich tue, was die Regel sagt.

Ich weiß jetzt, Kloster ohne Regel geht nicht.

Aber wie ist es nun?

Da ist der Ruf durch alle Wände meiner Hütte herein von morgens bis abends. Da ist das neue Ohr, das ihn aus dem Anfang als den Anfang rufen hört. Und da, die Hütte, meine kleine Hütte um mich, in der ich gehen, stehen, knien, essen, schlafen, beten, Gänge kehren und alles übrige tun muß, was zu tun ist, meine arme kleine Armut, die so wunderbar ist. Und da sind die andern, man nennt sich Schwestern, samt der ganzen, die Oberin einschließenden Ordnung, die das mit sich bringt. Und eben diese alles ordnende Regelung wird von der Regel in Gang gebracht, alles das will von mir wahrgenommen, das heißt in keiner Hinsicht und in keinem Fall übersehen oder vernachlässigt sein, denn darin soll ich in ständigem Laufen im «himmlischen Vaterland» ankommen, das sich dort befindet, wo Gott ist, also nicht da und nicht dort, sondern zuinnerst und zuäußerst – im Nirgends.

Ach, soviel ist da jetzt zusammengekommen und vorhanden und baut sich zu einem Unternehmen auf.

Ich fürchte mich. Ich fürchte das ganze Unternehmen. Muß ich es unternehmen? Bin ich nicht übernommen?

Ja, von Anfang an bin ich übernommen. Was unternimmt ein Übernommener? Übernimmt er ein Unternehmen?

Nein, die Übernahme läßt kein Unternehmen zu, ein Unternehmer muß planen.

Ich habe das Planen immer geliebt, dauernd entdecke ich, wie ich plane, wie ich mich plane, alles in mir geht darauf aus, mich zu planen, das kommt offensichtlich noch vom Gebüsch, dahinter stand mein erster Plan, eine ganze Planung aus ersteigenem Entscheid: verstecken, nichts hören, mich nicht rühren, auf keinen Fall herauskommen und gestehen, daß ich gegessen habe ,wenigstens nicht, daß ich von mir aus gegessen habe. Ich bin nicht schuld an der Sache, es war ein ungeschicktes Versehen, im schlimmsten Fall eine unbedachte Übereilung! Selbst die Entdeckung durch den Rufer war eingeplant, ich würde auf die Gewissensfreiheit pochen...

Daß der Plan des Herausredens mißlang, hat mich nicht geheilt, alles in mir plant weiter, plant von selber weiter, ich glaube, selbst nachts im Schlaf. Es gibt da einen heillosen Automatismus. Den sehe ich aber erst, seit Gott mich ruft. Seit er mir seinen Ruf zuruft, seitdem er mich herausgerufen hat in sein Außerhalb, wo man immer neu nirgends als vor dem Anfang steht, Aug in Aug. Seither sehe ich ein, ich habe mich völlig verplant. Was tun? Das Sichplanen lassen!

Das Außerhalb ist nämlich ein Ratschluß. Der Ratschluß. Eine Beratung fand da statt, die abgeschlossen, endgültig und über jeden Punkt, über das ganze Universum und jedes seiner Unternehmen abgeschlossen und entschieden ist. Wo fand sie statt? Am Anfang, im Anfang, vor aller Schöpfung. Das ganze Drama mit dem Apfel war bereits eingeplant im Entschluß des Ursprungs, des Herrlichen, und damit bin ich darin eingeschlossen, ich auch.

In einen Ratschluß eingeschlossen, in seinen Vollzug eingeschlossen – was bleibt mir da noch

für selbstentworfene Planung meines Selbstentwurfes, meiner Identitätsfindung, das kann ich jetzt alles ruhig lassen.
Aber eben das kann ich nicht, wie soll ich können, was ich nicht kann? Das vergebliche Planen schnürt mir noch immer mit nichts meine befreiten Glieder zusammen. Aber dasselbe sangen wir gestern in der Vigil von allen Nationen:

Was planen die Nationen
so vergeblich?
Ps 2, 1

Sie merken offensichtlich auch noch nicht, wie vergeblich, wie nutzlos das Pläneschmieden ist «gegen den Gesalbten», gegen den Ersten und den Letzten, den Anfang und das Ende. Sie wissen nicht, daß sie, daß wir in einen Vollzug eingeschlossen sind, der alles in die Erfüllung hineinzieht.
Das ist wieder so etwas, was man aus seiner ganzen Lage heraus feststellen muß, ohne daß man denkt und denkt und schlußfolgert am Schluß. Man kann schon am Anfang darauf kommen, ohne zu wissen, daß man richtig gedacht hat.
Heute nachmittag, in der Betrachtung von drei

Uhr fünfzehn bis drei Uhr fünfundvierzig las ich den Regelschluß noch einmal vor mich hin in der Zelle.
Was heißt: «Mit Christi Hilfe?» Die Regel sagt:

> So befolge mit Christi Hilfe
> diese bescheidene Regel...
> R 73, 8

Heißt das, Christus wird das Unternehmen, dieses ganze aufgebaute, umfassende, auf- und eingeteilte Unternehmen der Rückkehr ins himmlische Vaterland leiten? Mir dabei behilflich sein und es am Ende einmal, so hoffe ich, perfekt zum Abschluß bringen? Christus?
Ein Helikopter surrt über das Kloster. Häßliche Kaulquappe! Mir fällt der grünverschlammte Straßengraben ein und wie Großmama mit uns Kindern am heißen Nachmittag den gemalten Stationen entlang den Hügel hinaufsteigt: «Erste Station. Jesus wird zum Tode verurteilt. Wir beten dich an, Herr Jesus Christus und benedeien dich, denn durch dein heiliges Kreuz hast du die Welt erlöst.» Wir legten dann eine Blume auf den Sockel und sprangen zur zweiten Station und besahen das Bild. Hier legten sie ihm das Kreuz auf die Schultern.
Jesus Christus: Er ist der Anfang. Er ist das

Ende und das ganze Dazwischen, der Herr. Er ist selbst das Unternehmen, der Vollzug des Ratschlusses, in das auch ich mit allen Nationen trotz ihres vergeblichen Planens hineingerufen und hineingeholt bin. Von Anfang an. Und der Unternehmer ist er auch, der Übernehmer, der mich unternimmt und übernimmt.
Hier ist noch alles unbegreiflich. Das ändert aber natürlich nichts daran. Richtiger ist, ich sage: Das alles habe ich noch keineswegs begriffen. Als Anfänger habe ich aber doch das Recht, das alles nicht zu begreifen. Am Ende begreift ein Anfänger vielleicht überhaupt nichts, die Hauptsache ist, der Anfang, der ewige, ergreift ihn und holt ihn in sein ewiges Ende hinein.

Ich bin das A und das O,
der Anfang und das Ende.
Offb 22, 13

DIE MITTE

Ich werde Schritt vor Schritt in die Regel hineinsetzen, es eilt nicht. Vorerst genügt mir, daß sie den Anfang hat, der das Ende ist und der zu mir redet. Damit gibt es in ihr auch die Mitte, und das ist wieder niemand anders. Die Regel stimmt. Die Regel ist auf das Ganze hin angelegt. Sie geht rund. Sie geht aus, auf das alles bestimmende Ereignis aus dem Himmel in die Welt hinein und will mich aus meiner Verplanung heraus wissen und erkennen lassen, was wirklich ist, und mich damit herausholen, hinein ins Ganze. Die Regel ist mein Anti-Plan.

In der Regel gibt es die Ausgangslage: die Sünde und die Verstoßung. Und es gibt darin die Endsituation: der Nachlaß und die Sohnschaft.

Das Dazwischen ist Rückkehr. Das geht aber alles gegen mich. Damit muß ich mich abfinden.

Diese Drei sind die Mitte der Regel. In diesen drei sind alle Drei: der Vater, der Sohn und der Geist. Und – ich. Mein Gott!
In dieses dreieinige Ereignis aus dem Himmel in die Welt hinein hat mich mein Rufer mit seinem Ruf gerufen, ruft er mich ohne Aufhören. Wer hätte das gedacht!
Aber kann er mich anderswohin rufen?
Da steht nun die Regel an meinem Weg ins Ganze, in ihrem Gesicht jene Weisheit, von der es heißt,

sie hat ihr Haus gebaut...
Spr 9, 1

Ihr Ruf ergeht:

Kommt, eßt von meinem Brot
und trinkt von meinem Wein,
den ich gemischt.
Spr 9, 5

Regel, Haus der Weisheit, zu essen und zu trinken gibt es da für den Anfänger. Was denn für Brot, was für einen Wein? Was der Anfang ißt, was der Anfang trinkt: Er hat es gesagt am Jakobsbrunnen, als sie aus der Stadt mit Lebensmitteln kamen:

Meine Speise ist es,
den Willen meines Vaters
zu erfüllen.
Joh 4, 34

Vorläufig werde ich auf keinen Fall einen andern Ort suchen, um ins Ganze zu kommen. In der Regel liegt es, sie kennt, sie besitzt es, soweit ich es überblicke, aber wer überblickt das Ganze schon ganz? Man kann es wohl übersehen, aber mit dem Übersehen ist es nicht gemacht, man übersieht dabei meist alles, die ganze Tiefe, die ganze Höhe, die ganze Weite und Breite. Das Ganze ist nicht da, solange man es übersieht, solange es nicht in Gestalt und Gesicht dasteht, mein Anfang in Gestalt und Gesicht und Geschehen und Person, die zu mir redet, und der Bund mit ihm, sein Bund mit uns, das ganze volle Ganze, auch der Bund, der neue, das ist die Hochzeit.

Dazu hat die Regel ihr Haus gebaut. Dazu gibt sie ihr Mahl, dazu ruft sie alle herein und lädt zur Hochzeit die von den Zäunen und Straßenecken, zum ewigen Bund von Gott und Mensch. Ein Buch des Bundes. Ist sie das nicht, soll sie aufhören mit Hereinrufen in ihr Haus. Das Bundesbuch hat sie zu sein, und die sie zu sich herruft, gehören in den neuen

Bund, nicht anderswohin. Die Regel muß uns zur Hochzeit führen. Oder ist der neue Bund vielleicht keine Hochzeit? Doch, das ist er, das ganze, volle Ganze. Das steht in der Regel, und die Regel steht in ihm, es ist alles in Ordnung. Sie sagt es selber, sie sagt es ganz bescheiden:

> Das war unser Ziel bei der
> Abfassung dieser Regel:
> Wer sie im Kloster beobachtet,
> kann sich wenigstens über einen
> rechtschaffenen Wandel oder
> Anfang im Mönchsleben
> einigermaßen ausweisen.
> R 73, 1

Über einen rechtschaffenen, ordentlichen Wandel, sagt sie. Das ist es genau, worum es geht. Um den Wandel in der Ordnung. Im Ganzen. Im Geheimnis des Bundes, wo der Anfang gefunden wird, der am Ende bleibt als der Einzige und Alles.

Die Regel ruft uns also zur Ordnung, in die Ordnung, in die mich mein Ruf ruft.

Was ich schon höre, ruft sie mir zu. Das ist mir lieb. Ich höre es gerne mir zurufen, ich höre es von innen und von außen nie genug. Meinen

Ruf läßt sie in ihr nach mir rufen durch ihr ganzes Haus.
Wie gut, daß ich mich eingerichtet habe in meiner Hütte, in der Wahrheit der Armut, da hört sich alles so klar, so deutlich, so unverstellt, was da ruft durch die ganze Regel in mein Herz.
Immer diese runden ineinanderliegenden Rufräume: Kloster, Zelle, Regel, Hütte, Herz, alle werden durchstoßen den ganzen Tag von dir, Rufer.
Die Regel, ja, die ist ein gutes, ein sehr gutes Buch. Der Anfang, das Ende, die Mitte, das Ganze, das Geheimnis der Welt und des Lebens ist in ihr, man kann ihr vertrauen, das Fest mit Gott, die Hochzeit, die Herrlichkeit, das hat sie alles in sich.
Was soll man sonst suchen in ihr? Was soll man denn sonst finden in diesem alten Buch des neuen Gesetzes?
Ich bin sicher, wir werden uns in ihm treffen, mein urewiger Anfang, den ich liebe, der mich liebt – und ich. Und wo wir uns treffen, dort wird Christus stehen mit Gestalt und Gesicht in seinem ganzen Unternehmen, das er auch meinetwegen unternommen hat.

VOM SCHWEIGEN

Schweigt still vor mir,
so daß ich reden kann.
Ijob 13, 13

Alles redet, alles, was es gibt, redet. Was man sieht, redet. Das Weizenfeld sagt: «Schön, golden, gut geraten, der Wind geht, der Mohn ist rot» und so weiter. Der Himmel singt: «Grünblau bis violett am Rand, es wird regnen, sieh mal meine süßen, gelben Flocken, Wolkenflokken, das ist eine Möwe, der Mond nimmt wieder zu.» Und so redet alles, was man sieht; auch die Kreuzgänge des Klosters, der Innenhof, die Fassaden, die Zellentüren – was redet nicht alles, wenn man es ansieht. Und man kann sich diesem Ansehen nicht entziehen, den ganzen Tag nichts ansehen, geht nicht. Und so redet es dauernd durch die Augen in einen herein. Man hört auch mit den Augen, das wird niemand bestreiten.

Umso mehr redet alles, was man hört, vom Schlag der Uhr, vom Schritt der Nachbarin auf den Fliesen vor meiner Zelle bis zum Dröhnen des Jumbojets um halb zehn Uhr vormittags, alles redet herein, wenn man sich zu schweigen entschlossen hat. Dann beginnt das Gerede. Alles redet, was man anfaßt, fühlt und so weiter, ich wollte nur beweisen, daß uns eine ungeheure Redseligkeit umgibt, eine Dauerrede, ein Redeschwall, allein schon aus der Existenz der Dinge. Schweigen ist noch lange nicht Stille, im Gegenteil, wenn ich schweige, beginnt der Lärm.

Der Ruf aus dem Anfang durchstößt ihn jedoch. Er baut eine Schallmauer rund um mein Herz, gelegentlich, wenn es ihm gefällt. Abmachen, bestellen geht nicht. Dann ist die Stille da. Die ist dann voll vom WORT, das alles Gerede zudeckt.

Es erhebt sich und ruft:

Schweig, sei still!
Mk 4, 39

Das galt damals dem See. Diesmal wird das Geschwätz und Geplätscher durch Augen und Ohren und jegliches Verlangen herein stillgelegt.

Man nennt das Sammlung vor der Meditation. Aber das weißt du doch, Rufer, ich bin ein

Körper mit tausend Kabinen. Mit Kommunikationsapparaten nach draußen, nach drinnen, dauernd in Kontakt, dauernd in Funktion. Man nennt das: Mensch.
Meine liebe Regel, wie bringst du einem Menschen unter diesen Umständen das Schweigen bei? Schweigen muß er nämlich, sonst hört er nicht. Hört er aber nicht, ist er kein Jünger.

> Schweigen und Hören
> ist Sache des Jüngers.
> R 6, 6

Ich stelle fest: Die Regel läßt das Schweigen durch alle Trakte, durch alle Räume, durch alle Kapiteltüren und Verse fließen, durch alle Korridore und Abschnittsfenster, Schweigen und Hören sind ihr Anfang und Ende.
Aber wenn ich den Jahrmarkt in mir, die Karussells, Buden und Schiffschaukeln in mir wahrnehme, dieses ganze Getriebe und all die Zufuhr an Treibstoff, was da alles umgesetzt wird im Verlauf einer Stunde allein, da muß ich sagen: Nein, ich bin nicht nur ein Mensch, ich bin eine ganze Stadt. Meine liebe Regel, wie bringst du einer Stadt das Schweigen bei?
Die Regel hat ihr System: Sie isoliert. Sie isoliert zunächst Quartier um Quartier, läßt dann ihren

Schweigefluß durch alle Gassen, über alle Plätze, aus allen Brunnen, durch alle Kanäle laufen, und Bezirk um Bezirk, Kreis um Kreis der Stadt wird still.

Das Reden des Mundes, der Schwall der Gedanken, die ganze Bilderkette, dann die Süchte des Herzens, die Augenwünsche, Gier und Gelüste, alles Tun und Dünken, Fürchten und Treiben und Geltenwollen, alles versucht die Regel durch die Schweigsamkeit stillzulegen und so zur Ruhe zu bringen. In die Ruhe des siebenten Tages. Da lag die ganze Kreatur still und lauschend, gelöst und hingewendet mit ihrem ganzen Gesicht auf den Herrlichen hin. Dieses Schweigen und dieses Horchen des siebenten Tages öffnet den Abgrund, den Urgrund, worüber mein Ruf schwebt. Und je reiner die Luft ist vom Ichlärm aus mir, in mir und um mich, desto kleiner werde ich unter dem Wehen seiner Flügel, umso nichts-sagender, umso stiller. Wo der Ruf aus dem Anfang kreist, da gibt es von selbst nur noch das horchende, wartende Herz.

Ob er darauf niedergehen wird?

Das ist dann die Frage.

Regel, ich bin sehr, viel mehr als es den Anschein hat, bin ich dafür, daß wir schweigen sollen. Denn dann schwebt er, dann läßt er sich nieder. Ich weiß, wer über meinem Tohuwabohu kreist, um neue Schöpfung werden zu lassen durch sein WORT.

Es ist eigenartig: Wenn ich lausche, schwebt er schon, und weil er schwebt, werde ich still und horchend. Das Erste ist immer schon das Zweite und das Zweite das Erste, natürlich, der Ruf ist immer zuerst.

Wie gut, daß es dich gibt, Ruf! Mit dir kam das Schweigen in die Schöpfung, das Schweigen, um dich zu vernehmen.

Ruf in die Schöpfung, Ruf in die Regel. Die Regel hat sich um dich gelegt wie die Muschel um die Perle, wie die Nacht um den Himmel zu Bethlehem. Nur Raum für dich will sie sein, und daher gibt sie

> selbst vollkommenen Jüngern nur selten
> die Erlaubnis zum Reden –
> mag es sich um noch so gute und
> erbauliche Gespräche handeln.
> R 6, 3

Die Regel hat mit Weihnachten zu tun. Das Schweigen in ihr deutet sehr deutlich hin auf das Geheimnis des WORTES, das

den Himmel berührte,
während es auf der Erde dahinschritt…
Weish 18, 16

während tiefes Schweigen
alles umfing,
und die Nacht in ihrem schnellen Lauf
bis zur Mitte vorgerückt war…
Weish 18, 14

vom Himmel her
mitten in das dem Verderben geweihte
Land sprang.
Weish 18, 15

Im Schweigen springt es, das Wort, über die Hügel, der Geliebte. Horch!
«Lausche», sagt die Regel.

Schon steht er hinter
der Mauer,
hinter dem Haus,
späht durch die Gitter,
schaut durch die Fenster.
Hld 2, 9

Das Kapitel von der Schweigsamkeit trägt diese Erfahrung verborgen in sich. Hinter ihrer

Nacht, hinter ihrer Mauer, hinter ihren Gittern steht er, Gott, und seine Weihnacht.
Gesicht hinter dem Gitter, Gottes Gesicht hinter der zersprengten Scheibe der Welt, in der Schweigsamkeit der Regel steht schon sein Schatten da.

VOM HÖREN

Euer Ohr vernehme das Wort
seines Mundes.
Jer 9, 20

Und das WORT war Gott.
Joh 1, 1

Woher weiß das Johannes?
Er muß es von dir gehört haben. Aus sich selbst konnte er das nicht wissen. Er hörte es, darum weiß er es. Nur durch Hören konnte er wissen, wer du bist, Gott, und sagen, du seist WORT.
Bist du aber WORT, dann bin ich Ohr. Was soll ich anders sein in diesem Fall?
Sprich also, Gott, sprich, WORT, zu mir, ich bin ganz Ohr.
Aber nicht ich allein, alles was noch ist, außer dir, WORT, ist Ohr, nichts anderes und nie etwas anderes als Ohr und Gehör für dich. Mehr sein als Ohr gibt es nicht vor dir, WORT. Wir, alles andere als du, wir, das Ganze außer dir, sind

von dir dazu geschaffen, Ohr vor dir zu sein. Das gehört sich so. Denn wo ein Ohr ist, da redet jemand. Hören beweist dich also.
Dich beweisen, du Unbeweisbarer, was soll das heißen? Was weiß ich denn.
Ich weiß nur, wenn ich dich höre, dann bist du da. Und das weiß ich auch: Bist du da, dann höre ich dich.
Weiß ich das wirklich? Ja, denn dann höre ich dich, auch wenn ich es nicht weiß. Denn WORT bist du immer und ich immer Ohr, ob ich es weiß oder nicht.
Kannst du denn einmal nicht da sein?
Wenn du das kannst, ja, dann werde auch ich dich nicht hören können.
Aber das kannst du nicht.
Ich will das Schweigen der Regel lernen, Rufer, WORT. In diesem Schweigen hört man durch alles hindurch, und in diesem Hören erkenne ich dich. Ich erkenne darin auch mich. Ich höre dich, darum bin ich. Hörend bin ich, vom ersten Augenblick, vom ersten Atemzug und Herzschlag an. Du riefst mich in die Welt, wo ich nicht war, ehe du mich riefst. Da ich nun bin, muß ich gehört haben, daß du mich riefst. Mein Nichtsein muß dich im Nichtsdunkel rufen gehört haben, und als es dich hörte, war ich heraus aus ihm und war da. Ich sprang heraus wie

die Blitze bei Ijob, und wie sie muß ich damals gerufen haben: «Hier bin ich!»
Weil ich dich hörte, noch ehe ich war. Wie kann das aber sein? Weil du mich hörend erdacht hast, war ich auch schon hörend da, denn Gedanke und Tat ist eines in dir, Ursprung, Wort.
Hörend hast du mich hervorgerufen aus dir, Rufer, denn Ohr bin ich, seit ich bin, seit du mich denkst.
Etwas ist geschehen, es ist nicht leicht zu begreifen, was geschieht im Einflußbereich der Regel, es verändert sich alles im Ein-fluß des Wortes, man verändert sich auf eine, wie soll ich sagen, eine bestimmte Daseinsweise hin: auf das Stillsein.
Als die Sakristanin eines Morgens die Kerzen auf dem Altar mit dem Löschhorn auslöschte, dachte ich bestürzt: «Das ist es, genau das. Es gibt die Löschhorntaktik der Regel.»
Im Grunde ist es dein Wort, Rufer, dein Ruf, Wort, im Grunde bist du es, Anfang und Ende, der mich auslöscht, meine Gedanken, meine ich, das ist schon irgendwie ich.
Was habe ich denn getan? Warum weiß ich nichts mehr? Früher, zuhause, ach, da wußte ich doch eine Menge, ich war dauernd darauf aus, zu wissen, zu denken, alles zu denken, was mir einfiel und ich hatte mir, als ich noch in die

Schule ging, vorgenommen, alles zu denken, was ein Mensch über das, was ist, jemals gedacht hat, auch wenn ich bei diesem Entschluß erschrak. Ich fing aber mit den Büchern meines Vaters an und hoffte, im Verlauf meines Lebens durch alles hindurchzukommen und am Ende schön sauber fertig zu sein damit.
Und jetzt sitze ich in meiner Zelle wie in einem ausgebrannten Turm zuunterst, und wenn ich die Augen aufschlage, um zu sehen, was eigentlich geschehen ist und was ich denn nun tun soll in diesem neuen Dasein, das reguläres Leben heißt, höre ich von meinen runden, fensterlosen Wänden – was alles nur ein Bild ist, meine Zelle ist durchaus kein ausgebrannter Turm – : Lausche, mein Sohn!
Die Regel sagt vorsorglich: «Mein Sohn». Damit gibt sie ihrem kategorischen Imperativ eine mütterliche Tönung. Sie ist Mutter. Aber mit diesem ersten Wort, das sie zu uns sagt, mit diesem ersten Befehl hat sie die alte Welt, die Brücken zum alten Dasein angezündet. Also doch ausgebrannter Turm. Ja, man wird davon angehalten, gefangengenommen, gebunden, abgeführt aus der wilden Freiheit der Ausgeleertheit, der Zerstreuung des Denkens und Wollens und Wissens und Habens, ach, ich denke doch, des natürlichen Menschseins. War

denn das böse? Man ist von diesem ersten Gebot der Regel auf eine nicht zu beschreibende Weise im Kern und Keim der Person getroffen und versehrt, verunsichert, so sagt man doch. Denn damit fällt ja alles dahin, wovon man lebte bis anhin. «Mensch?» dachte ich. «Nein, nicht mehr, nur noch ein Lebewesen.»

Genau das ist die Veränderung, die dieses Lauschen einleitet. Nicht das Lauschen, aber der Ruf, das WORT verändert mich in ein Lebewesen, in ein Wesen seines Lebens, seines menschlichen Lebens.

Diesen Einfluß des Lebens läßt die Regel durch ihr «Lausche» in uns ein, und das ist ihr wundersamster Einfluß. Es ist der Anfang und das Ende.

Hat man das eingesehen, dann sitzt man in seinem ausgebrannten Turm mit seinem ausgelöschten Wissen. Ich kann auch sagen: Man geht in der leeren Hütte seiner Armut fröhlich durch den Klostertag, die Klosterwoche, den Klostermonat, durch Klosterjahr und -leben und verlangt immer mehr und immer mehr nur dieses lebendige neue Wesen des Lebens aus dir, Rufer, zu sein, was immer geschehen mag im Himmel und auf Erden, in Kirche, Staat und Welt. Denn Hörende will ich sein, lebendig geworden, gezeugt durch deinen Ruf, Rufer, lebe ich nur, wenn ich dich höre. Was sonst «Leben» heißt, gehört natürlich dazu, schon, aber leben ist etwas anderes, jetzt. Und wenn ich sagte: Kirche, Staat und Welt und sie als Gegebenheiten ausgerechnet in diesem Augenblick hereinziehe in mein Gespräch mit der Regel und mit meinem Rufer, habe ich mir folgendes ausgedacht: Hört mein Rufer auf, mich zu rufen, dann höre ich auf zu hören und zu sein in meinem Wesen. Dann tauge ich nichts mehr. Dann bin ich schales Salz. Wozu soll das nützen:

Weder für den Boden
noch für den Dünger ist es
zu gebrauchen.
Man wirft es weg.
Wer Ohren hat, zu hören,
der höre.
Lk 14, 35

Also hören, Ohren haben und hören, das macht mich tauglich für alles. Für den Himmel, die Erde, die Kirche, den Staat und die Welt.
Ach, man weiß ja überhaupt gar nichts, von hier aus ist alles immer anders, als man es sich denkt. Aber wenn Jesaja sagt:

Er weckte mir das Ohr,
wie ein Jünger zu hören…
Jes 40, 5

dann gilt das bestimmt für den Mönch und für uns Nonnen. Das ist sicher. Wie ein Jünger – wessen Jünger? – des Meisters Jünger, des Anfangs Jünger zu hören –, dazu braucht es das aufgeweckte Ohr der Regel. «Aufgeschrecktes Ohr», sagt sie.

Hören wir mit erschrecktem Ohr,
was die Stimme Gottes jeden Tag
uns mahnend zuruft:
«Wenn ihr heute seine Stimme hört,
verhärtet euer Herz nicht!»
Prolog, 9–10

Das neue Ohr ist doch das aufgeweckte, das auferweckte Lazarusohr, das aus dem Grabgebüsch, aus dem Tod im Versteck hinter Busch und Bäumen aufgeschreckte Ohr, von dem der Meister immer und immer wieder sagt:

Wer Ohren hat, zu hören,
der höre.
Lk 14, 35

Darum geht es hier, an dieses Ohr dringt die göttliche Stimme.
«Göttliche Stimme!» Wer wagt heute von einer «göttlichen Stimme» zu sprechen? Wie kommt die Regel dazu? Das WORT hat es gesagt, Jesus.

Nicht um meinetwillen
ist diese Stimme ergangen,
sondern euretwegen.
Joh 12, 30

Über dem Jordan, über dem Tabor, über dem Opferkasten der armen Witwe ertönte diese Stimme vom Himmel, immer über Jesus, immer aus der Wolke, der Gegenwart Gottes.
Und die Regel läßt diese Stimme des Herrlichen hören, die erschallt über den Wassern, die Zedern zerbricht, Feuerflammen sprüht, die Wüste beben macht, Eichen wirbeln läßt, so daß der Psalm jauchzend ausruft:

Es donnert der Gott
der Herrlichkeit,
und in seinem Tempel ruft alles:
«Herrlichkeit!»
Ps 29, 3 ff.

Diese Stimme Jahwes läßt die Regel über uns

Mönchen, uns Nonnen ertönen. So sicher behauptet sie, dieser Donner der Herrlichkeit rolle auf uns hin, gelte uns, als spräche sie vom Prediger, der am Sonntag auf der Kanzel über uns steht. Nicht nur am Sonntag, «jeden Tag» ertönt nach ihr Gottes Stimme über uns. Mit welcher Sicherheit behauptet sie doch ganz Außergewöhnliches. Oder ist das gewöhnlich? Ich glaube aber, nur der erschrickt, wenn sie das sagt, nur der fährt zusammen, dessen Ohr sie aufgeweckt, aufgeschreckt hat, der mit neuem Gehör hört. Er hört eben damit in eine randlose offene Rundung hinein. Durch das ganz gewöhnliche Regelwort hindurch ins Dahinter.

Aber was rufst du, Rufer, mit deiner göttlichen Stimme uns aus der Regel täglich zu:

> *Wenn ihr heute seine Stimme hört,*
> *verhärtet euer Herz nicht.*
> *Ps 95, 8*

Wann denn heute?
Die Regel ist fünfzehnhundert Jahre alt, mindestens. Da sagt sie also fünfzehnhundert Jahre lang schon: «Heute». Auch heute sagt sie «Heute» und morgen wieder. Mit diesem fünfzehnhundert Jahre langen Insistieren auf einem

dauernden Heute, das immer jetzt ist, nämlich immer dann, wenn einer daran denkt, dann, wenn es mir einfällt und auch sonst, gelingt es ihr, uns aus dem Schlaf zu jagen: Aus diesem völlig wachen Schlafzustand, der uns noch vom Tod im Gebüsch her in den Gliedern sitzt, man wird diesen Tod sein Leben lang nicht ganz los, jagt sie uns mit diesem Weckruf «Heute!» heraus, selbst jetzt, da wir heraus sind, draußen im freien Leben aus dem Ursprung. Mehr noch: Die Regel jagt uns damit geradezu in den Schrekken jener, die die Stunde, die alles entschied, verschlafen haben. Diese Stunde ist jeden Augenblick da.

Wer das bedenkt, der sieht plötzlich seine Wachelampe bedenklich flackern, sieht, wie sie nur noch glimmt, und kontrolliert besorgt seinen Ölvorrat. Wenn jetzt Mitternacht wäre?

Um Mitternacht erscholl der Ruf:
Seht, der Bräutigam kommt!
Auf, kommt heraus,
ihm entgegen!
Mt 25, 6

«Heute», sagt die Regel, «ist Mitternacht, diese Mitternacht des Bräutigams.» Das sagt sie frühmorgens zu mir, am hellen Tag sagt sie: «Gebt doch acht, jetzt ist Mitternacht!» Das ist dann immer die Zeit, wo es Zeit ist, Zeit,

vom Schlaf aufzustehen.
Öffnen wir unsere Augen
dem göttlichen Licht
und hören wir
mit erschrecktem Ohr,
was die Stimme Gottes
jeden Tag uns zuruft.
Prolog, 8–9

Solange die Regel lebt, jagt sie einen aus der dauernden Abwesenheit in den Schrecken des Zuspätgekommenseins und in die Anwesenheit des Rufes zurück. Ins Hören hinein.

Kommt heraus!
Mt 25, 6

Und wo dein Ruf auftrifft und wann er auftrifft, immer ist dort und dann dieses Heute der Regel, deine Mitternacht, die uns die Augen öffnet mit der Gewalt der heraustretenden Herrlichkeit, deiner Herrlichkeit, Rufer.
Das hat der Mönch nun im Kloster, in den Gängen, auf den Treppen,

beim Gottesdienst,
im Oratorium,
im Kloster,
im Garten,
unterwegs,
auf dem Feld,
kurz überall;
mag er sitzen, gehen oder stehen
R 7, 63

in Ohr und Herz. Auf diese Weise kann er sich nicht verhärten, sein Ohr, sein Herz bleiben offen.

VON DEN ENGELN

Der Engel des Herrn
lagert sich rings um die,
die ihn fürchten.
Ps 34, 8

Plötzlich stoße ich auf Engel.
Man stößt in der Regel auf Engel wie Jakob, als er die Leiter sah aus der Steppe zum Himmel.
Aber wenn schon Weihnacht, dann auch Engel in der Regel. Wenn schon das Ganze, dann auch die Engel, sie stehen für Himmel.
Wenn schon ununterbrochenes Gotteslob vom Morgen bis zum Abend durch jegliches Tun des Mönchs, dann auch und vor allem die Engel.
Die Engel sind mit der Regel gegeben, weil sie mit dem Mönch gegeben sind, mit dem Menschen. Jeder, der eintritt, bringt ja doch seinen Engel mit, der bleibt nicht zuhause.
Die Regel rechnet mit diesem Engel des Mönchs:

Die Engel erstatten
allezeit über ihn Meldung.
R 7, 13

Überall, wo es um das Zentrale geht in der Regel, stößt man daher auf die Engel. Im Kapitel über die Demut, bei den Vorschriften über das Chorgebet und, genau genommen, auch im Abschnitt über den Gehorsam.

Ich glaube aber nicht, daß sie für die Regel nur biblische Zeichen sind für das Oben und Unten, für die nicht aufzulösende, aber schon in den Ursprung zurückgeholte Spannung von Himmel und Erde in der Heilsordnung und im Herzen des Mönchs.

Die Engel haben in ihr auch kaum die theologische Absicht, die asketische Ermahnung, in die sie da hereingeholt sind, in den Rang eines Glaubenssatzes zu erhöhen.

Die Engel gehören zum Ruf, sie gehören dem Gerufenen, weil sie ins Geheimnis des WORTES, des Herrlichen gehören. Von daher gehören der Mönch und der Engel zusammen. Der Engel steht ganz im Dienst des WORTES. Das sendet ihn vor sich her. Wo es hinkommt, da ist schon sein Engel anwesend.

Siehe, ich sende meinen Engel
vor dir her,
auf daß er den Weg
vor dir bereite.
Mal 3, 1

Wo der Anfang aufgeht über einem Menschen, wo er niedergeht am Ende über einem Menschen, da sind die Engel auf- und niedergegangen über ihm. Wie der Glutglanz um den Sonnenkern sind sie, Morgen- und Abendrot für Aufgang und Niedergang, nicht wegzudenken. Und für den Ruf aus dem Ursprung, sein lautloses gewaltiges Brausen und Wehen durch die Weltzeit sind sie die Orgel. Aber natürlich im Dunkel, das ohne alle Engel um uns zu sein scheint.
Sie sind außerhalb des Rufes, er gilt nicht mehr ihnen, sie müssen nicht mehr heimkehren, sie sind bewährt, Wesen der neuen Währung. Sie sehen uns auch immer an, wer Engel denkt, sieht sich angesehen, der Engel ist nur Blick.
Das kommt vom Schauen ins Antlitz Gottes, da ist man am Ende nur noch Anschauung. So wie wir Ohr sind, so sind sie Auge, ganz Auge. Wir gehören zusammen, ihr Dasein genügt als Funktion. Denn daß es den Engel gibt, genügt, um das Lauschen zu lernen, um das Schweigen zu lieben, um zu begreifen, daß es nur um das Gehorchen geht.
Bei Ezechiel sind die Engel voller Augen. Flügel, Kopf, Leib, Glieder, alles mit Augen bedeckt.
Die Engel sehen das Ganze mit dem ganzen

Leib bei Ezechiel. Davon brennen sie ohne zu verbrennen. Sie können im Feuer leben. Wir nicht. Der brennende Dornbusch war vielleicht ein einziger Engel, der dort stand, am Horeb. Er tat, als wäre er ein Dornbusch. Damit Mose nicht davonlief, damit er vielmehr näher kam.

Voller Augen, wie schön! Denken ist für die Engel nicht mehr nötig, sie sehen, was sie denken.

Aber warum nicht voller Ohren? Vielleicht hören die Engel mit den Augen. Wenn nicht, wenn die Engel ohne Ohren wären, wie könnten sie dann mit dem WORT zusammenleben?

Aber ich vermute, sie sind ihrem Wesen nach reines Gehör, ganz auf das WORT hin geschaffen, ganz ihm zu Diensten, auf- und niedersteigend über ihm. Sie, die Diener, die Boten, die Feuerflammen des WORTES sind nur soweit Engel, als sie über ihm auf- und niedersteigen und tun, was es sagt.

Was tun aber wir da? Ich in meiner Hütte und daneben die Engel!

Ich habe meinen Ruf, ich habe meinen mich rufenden Rufer, ja durch meinen Ruf habe ich meinen Rufer, im Hören habe ich ihn, nicht im Schauen, aber wer weiß, auf einmal kann auch ich sehen im Hören. Es ist keine Lüge,

es liegt in der Wahrscheinlichkeit des Hörens, wenn einer sagt: «Wer die Wahrheit hört, sieht sie auch.» Die Wahrheit scheint ihm dann eben doppelt auf.
In den Engeln brennt das Licht der Welt, darum sehen sie, was sie wissen. Wer Engel denkt, schaut ins Feuer des brennenden Dornbusches. Der ist durch sie in die Regel hineingekommen. Das Staunen, die Scheu, der Schrecken, das Niederfallen, die Faszination und Anbetung und, vor allem andern, das Schuhe-Ausziehen, alles ist durch die Engel – den aus dem brennenden Dornbusch vor allem – in die Regel hineingekommen, im WORT: «Ich bin der da ist.» Denn wo die Engel sind, da brennt Gottes Gegenwart.
Regel und Engel, WORT und Geist, Ordnung auf Erden, Ordnung im All auf den Ruf aus dem Anfang hin: «Wo bist du?» Komm, mein Engel, führe mich hin zu ihm, der mich ruft, damit ich zu ihm sagen kann:

Da bin ich,
du hast mich gerufen.
1 Sam 3, 4

Ja, komm, mein Engel, sei mein Auge, bis ich selber schaue, was ich höre: mein rufendes Licht.

VON DER DEMUT

Denn der Herr euer Gott
ist Gott oben im Himmel
und unten auf Erden.
Jos 2, 11

Benedikt, von dem die Regel stammt, Benedikt, der Mönchsvater, wußte von der Kugel. Die Regel weiß selbst, daß sie nichts tun muß an mir. Das Unternehmen, in das ich gerufen bin, hat nicht sie zu tun an mir oder mit mir zusammen, es ist schon getan. Das Werk ist getan. Sie hat nichts mehr zu bewerkstelligen an mir.

Das, worum es geht, läßt sich tatsächlich kugelförmig ausdrücken, soweit es mit Raum und Bewegung, mit dem Außen und dem Innen überhaupt ausgedrückt werden kann. Die ausgetrocknete gewortete, abgewortete Sprache kann ja doch Ergriffene, die nichts begreifen und daher fassungslos sind, nicht mit Begriffen ergreifen und fassen. Die vom Ruf Getroffenen sollen auch gar nicht begriffen sein. Sie sind ins Unbegreifliche und immer Unbegriffene hineingerufen.

Aber die Regel hat ihre Wissenschaft, die Wissenschaft der Betroffenheit vom Ruf aus dem Anfang. Sie weiß daher sehr wohl mit ihren Gerufenen umzugehen, damit sie werden, was mit ihnen geschieht: reine Anfänger des Anfangs. Das geschieht mit ihnen unter dem WORT aus dem Ursprung. Was soll es anders an ihnen tun? Was anders soll mit ihnen geschehen vom rufenden Ruf her? In ihn, den Anfang hinein zu werden, wie er ist, dazu ruft er sie doch zu sich, und damit ist klar, wo sie sind: im ganzen Ereignis des WORTES, der Anfang ist ja das WORT. In seinem Kommen, seinem Menschwerden, seinem Untergehen und Auferstehen.
Dieses Ereignis ist der Raum, wo wir hingehören, ein Raum wie eine Kugel, im Bild betrachtet. Das weiß die Regel, das ist ihre Wissenschaft. Die Regel ist ganz und vollständig, in all ihren Teilen auf diese Wissenschaft der – soll man so sagen? – Heilskugel hin geregelt.

> Daß man durch Stolz nieder-,
> durch Demut aufsteigt…
> R 7, 7

Sie zieht zur Anschauung die Engel an der Jakobsleiter heran.
Worin liegt der Effekt dieses Vergleichs?

Darin, daß diese Leiter dauernd kippt, daß sie sich frontal dreht.
Man stelle sich vor: eine Leiter. Oben nicht angestellt, unten nicht aufgestellt, was soll das? Gar nichts, unbrauchbar! Eine schwebende Leiter, eine schwebende, je nach Verteilung des Engelgewichts dauernd kippende Leiter. Nach meinem Dafürhalten geht die Jakobsleiter rundum wie ein Windmühlenrad.
Aber genau das will mir die Regel begreiflich machen. Ich soll diese Leiter gar nicht erfassen, gar nicht solid vor mich hin in den Erdboden stoßen und oben an einen sichern Balken anlehnen. Man soll gar nicht gesichert auf ihr zur Höhe steigen. Im übrigen ist diese Engelkippleiter ja bloß ein Traum. Und genau das ist es wieder: Die Regel nimmt absichtlich einen bloßen Traum und lehrt mich daran die wirklichste Wirklichkeit. Die Realität, wie sie für scheinbar wache Menschen aussieht, läßt das Geheimnis Gott kaum einmal glaubwürdig durch. Um erkannt zu werden, legt sich seine Wirklichkeit gerne einen Traum um.

Darnach werde ich ausgießen
meinen Geist,
und eure Ältesten werden Träume haben.
Joel 3, 1

Die Heilskugel rollte ganz offensichtlich schon zwischen Beerscheba und Haran durch die Träume der Herausgerufenen. Damals schon verkündete Gott durch Raum und Bewegung, durch Oben und Unten, Innen und Außen, daß er ist, etwas unternimmt und geschehen läßt.
Dieses Unternehmen, dieses Geschehen schaut die Regel durch Jakobs Traumleiter hindurch in ihrem Demutskapitel. Und mich sieht sie dabei, uns alle sieht sie als Jakob.
Da ist es wieder: das Aufgehen der Regel auf das Heilswerk hin, das Hereinlassen des Ganzen aus dem Anfang, dem Ursprung, durch alle Kapitel-Türen, Abschnitts-Fenster und Vers-Luken des Regeltextes herein.
Halte zum Beispiel dein Ohr ans siebente Kapitel, das von der Demut, von dem hier die Rede ist, halte es an jeden seiner Abschnitte, an jeden seiner Verse. Du hörst Christus darin, der der Anfang ist und das Ende: Jesus, der Gekreuzigte. Das ist die sich drehende Jakobsleiter: Gott ist – darf man das sagen? – Gott ist rund.
Das Wort sagt es selber: Anfang und Ende bin ich, Jesus und Christus bin ich, der Christus, in eins genannt: Jesuschrist im dauernden Ein- und Ausgang aus Gott. Erniedrigt im Tod, erhöht zur Herrschaft. Diese Bewegung, durch das Oben und das Unten hindurch, anfanglos,

endlos aus Anfang und Ende, da drinnen sind wir als Menschen mit eingeschlossen. Und ein Mönch ist ein Mensch, der das sieht, er ist Jakob.
Jakob sah diese unabsehbare Kugelbewegung: Himmel–Erde–Himmel–Erde–Himmel, die uns rund durchs Herz geht, die der Welt und Menschheit durch Geschichte und Herz geht, mein Gott, die warf ihn zu Boden.
Sein Gott, der Gott seiner Väter, Elohim, der Allherrliche «an Ort». Was heißt das nur?
Das heißt, daß nun das Oben unten ist. Unten auf der Erde, im Unten des Nichts.
Jakob ruft bebend aus:

Schauervoll ist dieser Ort.
Hier ist nichts anderes
als das Haus Gottes
und die Pforte des Himmels.
Gen 28, 17

Wahrlich, an diesem Ort
ist Jahwe.
Gen 28, 16

Gott hat sich raumhaft gemacht. Er hat sich geortet. An einem menschlichen Aufenthalt zwischen Beerscheba und Haran.
Der Traum ist ein Fenster. Jakob sieht durch

ihn ins Draußen hinein. Er sieht: Gott, der Rein-Innere ist auch draußen, und so ist auch das Draußen in Gott.
Wieder die Kugel, ihr Bild, ihr Geheimnis. Man hört sich lachen im Herzen, man ist wie Sarah, als sie lachte, weil sie Gottes Huld empfangen hatte und darauf Isaak gebar in ihrem Zelt.

Ein Lachen hat mir Gott
bereitet.
Jeder, der es hört,
wird mir zulachen.
Gen 21, 5

Wir wissen jetzt, wie das Nirgends Gottes aussieht, unsichtbar aussieht: daß es nirgends mehr nicht ist und daß es darum Allgegenwart heißt. Das alles weiß die Regel.
Ihr ganzes siebentes Kapitel will nichts anderes sagen als: «Seid euch bewußt, ihr seid in diese Elohim-Jesus-Bewegung hereingeholt durch euern Ruf.»
«Euern Ruf», sagt sie:

Die Holme der Leiter deuten wir
auf unseren Leib und unsere Seele.
In diese Holme hat der göttliche Ruf
die verschiedenen Stufen

der Demut und der Tugend
eingefügt.
R 7, 9

Den Ruf aus dem Anfang, der uns auch vom Ende her ruft, meint die Regel. Ruf in die Heilskugel, in der nur die Letzten die Ersten sind, seit der Allererste sich zum Allerletzten gemacht hat.
Jetzt ist er der Erste und der Letzte.

VON DER EHRFURCHT

Ziehe deine Schuhe
von deinen Füßen,
denn der Ort, auf dem
du stehst, ist heiliger Boden.
Ex 3, 5

Zwei Responsorien
singt man ohne «Ehre sei dem Vater»;
aber nach der dritten Lesung singt der
Vorsänger das «Ehre sei dem Vater».
Sobald der Vorsänger es anstimmt,
stehen alle sogleich
in tiefer Ehrfurcht
vor der heiligen Dreifaltigkeit
von ihren Sitzen auf.
R 9, 6–7

Ein einziges Mal spricht die Regel dein Wesen aus, Rufer. Sie nennt es nicht einfachhin. Sie betet es an, wo sie es nennt.
Sie läßt alle ihre Mönche sich von ihren Sitzen erheben, und alle neigen sich in «tiefer Ehrfurcht» zur Erde.
Was sie hier, wie Jakob, voll Schauer empfindet,

geht von diesem Wort aus durch alle ihre Anordnungen, durch das ganze Haus aller regulären Belange, ob weltlich, ob geistlich, die Herrlichkeit ist überall, unten und oben, man sollte im Schauer leben und sein, das meint die Regel.

Alles Gerät und die ganze Habe
des Klosters,
soll er (der Obere) als heiliges Altargerät
betrachten . . .
R 31, 10

Nichts darf dem Gottesdienst
vorgezogen werden.
R 43, 3

Sie führt uns so ein in deine absolute Herrschaft, Rufer, um uns und in uns, weist uns unsern Aufenthalt in deiner Gegenwart an, in dir selber, und setzt alles daran, daß wir nie aufstehen und hinausgehen,

um uns draußen wieder
hinzusetzen
und die Zeit zu verplaudern.
R 43, 8

Das leidet sie nicht. Denn hier, wo sie deinen

Ort, deinen allgegenwärtigen Ort weiß, Ortloser, Allgegenwärtiger, in dir selbst nämlich, da dreht sich alles in die Ordnung hinein, von oben nach unten, von unten nach oben. Hier stehen wir auf der ersten Sprosse der Demutsleiter voller Engel. Von hier aus geht es unaufhaltsam ins Ganze, von dir zu dir: ins Ganze.
Dahin führt mich der Wandel in der Allgegenwart deines Rufes, WORT. «Wandel in der Allgegenwart Gottes», so drückt sich die Regel aus. Man sieht schwingende Gewänder, Fra Angelicos Reigen der Heiligen. Unser Habit, unser langes, weites Kleid, die hohen hellen Klostergänge, die Fliesen, glatte rötliche Quadrate in allen Tönen des hellen Rot, genau gemessene Wechselreihen Fenster, Wand, Fenster, Wand, gegenüber Zelle an Zelle, lautlos stillstehende Türen, vom Chor her stundenlang schwingende Orgelfugen tagsüber, auf eine Feier hin geprobt, als wäre die ganze Woche festliche Zeit – das entfremdet. Das fremde Wort «Wandel», es paßt ganz gut, es bedeutet ja auch nichts weiter als Sammlung des Geistes und des Herzens, weil das innere Licht, weil das heilige Dunkel, es ist dasselbe, nämlich Gott, mit uns ist. Es bedeutet Schweigen und Hineinschauen. Dieser Wandel verwandelt, er wandelt den äußerlichen, veräußerlichten Menschen um – nach innen.

Die Regel ist eine große weise Frau. Sie redet wenig, aber sie weiß alles. Tut man das Wenige, das sie sagt, springen ihre verborgenen Türen auf.
Übe ich mich geduldig darin, in «Gottes Gegenwart» zu wandeln, wie sie es uns im siebenten Kapitel «Über die Demut» nahelegt, fängt man an, Dinge zu wissen, die kaum auftauchen in Gedanken, so ferne sind sie. Gedankenknoten gehen auf. Man sieht, wie es ist. Das Unfaßliche. Ein Zusammenhang öffnet sich, der alles rundum in der ganzen Denkgegend unendlich vereinfacht.
Der Wandel in deiner Allgegenwart, Wort, führt aber immer ins Gespräch von dir zu mir, in das «Wo bist du?» – «Hier bin ich!».
Von da aus führt er weiter. Er führt von dir zu dir. Die Regel führt. Das bedeutet: weiter, tiefer, höher, «von Klarheit zu Klarheit».
Man erkennt: Daß du zu mir sprichst, ist gar nicht das Ganze, nicht einmal das Erste, sondern das Zweite. Wo du bist – und wo bist du nicht? – da ist ein Gespräch, dein Selbstgespräch, da sprichst du immer schon zu dir selbst, da ist dein Gespräch mit dem Wort.
Und da sieht man nun, wohin die Regel uns führen will, in welchen Raum, in welches Geheimnis, in welche Gegenwart, wo immer wir

gehen, stehen, knien und sind: in eine Erfahrung des Jenseits im Diesseits meines Hier und Jetzt, das vierundzwanzig Stunden dauert, wovon acht im Schlaf versinken, in diese Erfahrung des Gesprächs zwischen Gott und Gott.

Das ist der Grund, warum die Regel uns ansiedeln will in der «ersten Stufe der Demut», wie sie es nennt. Sie weiß warum, sie weiß mehr, als sie sagt.

Eine neue Tür steht offen.

Gott, du bist ein immer zuerst zu dir selbst sprechender und damit ein immer zuerst dir selber zuhörender Gott. Es gibt ein Sprechen und ein Hören zuerst in dir selber.

Eines Tages öffnet sich eine geheime Tür in der Wand des Verstandes, und im scheuen Schweigen wird erkannt, daß Gott einen Mund hat.

Du mußt einen Mund haben, Herrlicher, aus dem wie ein Wasserquell eine Rede hervorgeht, die du selbst allein wieder vernimmst, aufnimmst, in dich zurücknimmst, sogleich wieder beantwortest aus dir hervor in deinem WORT, Herrlicher, ein Selbstgespräch also, ein Monolog.

Wie gut ist es doch, hier zu sein, in diesem großen stillen Haus am Fluß, wie gut!

Wieder wie am Anfang, als ich eintrat durch

seine Pforte, trete ich in die Freude des siebenten Tages ein, der ganz erfüllt ist von Gottes lautlos brausender und brennender Gegenwart, wie am Anfang, als er zu sich selber sprach: «Es ist sehr gut.»
Sehr gut ist es, aber es ist nicht leicht, solches zu erkennen, es führt in die Furcht. Es führt in Furcht und Spannung und – was nicht leicht zu erklären ist – in immer neue Unsicherheit und Fremde. Ach, was bist du doch für ein alles in Frage stellender, alles beantwortender und wieder alles verschlüsselnder Gott. Jede Türe, die unter der Führung der Regel sich öffnet auf dich hin, öffnet sich auf ein neues verschlossenes Tor.

VOM CHORGEBET

Als er zu mir redete,
kam Geist in mich.
Ez 2, 2

Man kann die Regel nach allen Seiten hin befragen. Nach ihrer Geschichte. Hinsichtlich ihrer Handhabung im Verlauf der Zeit. Über ihre Vernünftigkeit, Diskretion und Anpassungsfähigkeit. Über die Weise, wie sie zu deuten sei, was diese Deutung bedeute und was nicht.
Ich muß meinen Ruf in ihr hören. Meinen Ruf aus dem Anfang und darum hingehen, in ihren innersten Raum eindringen, mich dort hinsetzen und horchen.
Hat sie aber eine solche Kammer zuinnerst, wo der Ruf aus dem Anfang

tönt wie das Rauschen
vieler Wasser . . . ?
Offb 1, 15

Heute trat ich in den Bezirk ihres Gotteslobes ein. Ob er die innerste Zelle der Regel ist, kann ich noch nicht beurteilen. Aber ich habe da erfahren:

Wer auf mich hört,
der wohnt in meinen
innersten Kammern.
Sir 4, 15

Das vernahm ich in der Psalmodie. Das Hören auf Gott vernimmt aus dem Opus Divinum, dem Gotteslob, daß er ist, und zwar, weil er spricht. Durch tausend Fenster drängt hier das Ganze herein.
Das Ganze? Ja. Das Ohr hört es so. Die Augen sehen es so. Wie die Sonne im Brennspiegel, so winzig und so ganz liegt das Ganze – das, was von Gott her in die Welt eingeht – im Ohr und im Auge, in jenem Auge, das «den Lehrer sieht»,

den Könige und Propheten
zu sehen verlangten
und nicht sahen . . .
Lk 10, 24

in jenem Ohr, das «den Zuruf hinter sich hört».

Doch nicht mehr wird sich
dein Lehrer verbergen.
Deine Augen werden deinen Lehrer
sehen.
Deine Ohren werden hinter dir
den Zuruf hören:
«Dies ist der Weg,
darauf wandelt.»
Jes 3, 20–21

Rufer, Gott, alles in allem und bis ins Letzte hinein genommen: ist das nicht das Ganze? Man wird den sehen, der ruft, und der, den man sieht, wird rufen:

Ich bin der Weg.
Joh 14, 6

Das ist das Ganze, der Weg ist das Ganze, dieser Weg, der der Lehrer ist, der einzige, der eine, der Anfang und das Ende, das Wort selbst: Weg und Lehrer. Den werde ich sehen, den werde ich hören in der Psalmodie, im Lobpreis Gottes durch Gott, den, der in uns singt.
Denn wenn mein Auge auch nur einen Mindestteil vom Ganzen sieht, wenn mein Ohr auch nur einen Hauch der Wahrheit hört, der kleinste Hauch der Wahrheit hat alle Wahrheit in sich,

haucht immer die ganze Wahrheit aus, und die Sonne kann aus dem Brennspiegel, so klein wie ein Herz, eine Stadt anzünden oder auch die Welt, es liegt nicht am Auge, nicht am Herzen, es liegt an der Sonne.
Und so dringt im Psalmodieren, das die Regel in dreizehn Kapiteln hintereinander inständig angeordnet und eingerichtet hat, dieser Lehrer herein, auf uns zu, und damit sein Zuruf. In seinen Kammern wohnen heißt: ihn verstehen, erkennen, in ihm bleiben.
Rufer, Lehrer, deine Kammern sind voll Honig wie Waben. Die Psalterkammern sind Waben, die ausfließen, auch wenn man nicht erst Andacht eingießt. So voll, so überfließend sind sie vom Ganzen. Aus allen Versen fließt es heraus nach deinem Gutdünken und Dafürhalten in uns alle hinein, je nachdem du jedem zuteilst.

Deine Rede,
wie ist sie meinem Gaumen so süß,
meinem Munde süßer als Honig.
Ps 119, 103

Du hast die einzig wirkliche Süßigkeit, die es auf Erden und im Himmel gibt, du selbst bist alle Süßigkeit.
Die Psalmen stammen aus dem Ursprung, aus

dem Paradies, das heißt: aus dem WORT, das Gott zu Gott spricht, das Gott zum Menschen sprach und den Menschen ins Gespräch brachte mit Gott. Als sie einander ihr Wort zuriefen, hin und her durch die Bäume und Büsche voller Blüten und Blumen, Duft und Licht, wie gut alles sei, wie herrlich Schöpfer und Geschöpf zusammenstimmten.

Die Psalmen stammen aus dem Anfang. Er selber lobpreist, weint, schreit, liebt und ängstigt sich in ihnen. Er, der Ursprung, tritt aus ihnen hervor, aus seiner Verborgenheit tritt er zu uns heraus, und sein Zuruf hat unsere Sprache, die menschliche.

Die Psalmodie der Regel ist ein Gotteserweis. Sie bezeugt: Gott ist, denn er spricht.

IN DER SCHULE DES HERRN

Lehre mich, Herr, deinen Weg!
Ps 27, 11

Du hast mich angefangen, Anfang.
Du hast mich in die Regel gerufen, damit ich anfange, zu sein vor dir.
Du willst, daß ich immer neu anfange, zu sein vor dir. In dir, aus dir, durch dich und auf dich hin, das habe ich endlich anzufangen.
Sicher, das ist alles überweltlich. Das ist niemals verständlich für den Verstand. Außer er versteht es, aufzuhören mit dem Verstehenwollen. Zudem gehört er mit zur Kreatur, um die es sich hier handelt, die anzufangen hat, aus deinem Ruf heraus, Rufer, zu sein. Auch dem Verstand bleibt wirklich nichts übrig, als aufzuhören, in sich stehend zu verstehen. Er muß auf dich hören.
Fang mich an, Anfang, fang immer weiter an, mich anzufangen. Ich bin erst eine Kontur. Ich bin erst eine Umrißzeichnung, von deinem Fin-

ger in den Sand geschrieben. Jenes arme ertappte Geschöpf, das am Ende ohne seine beweiskräftigen, legitimen Ankläger vor dir steht, vor ihrem eigenen Umriß im Straßenstaub. Jene Frau bin ich. Du hast mich angenommen. Damit ist meine neue Schöpfung umrissen, ich kann anfangen, neu zu sein.
Weiß die Regel das alles? Wie sollte sie weniger wissen als ich? Wo sie doch eine Schule für Anfänger ist,

> eine Schule für den Dienst des Herrn ...
> Prolog, 45

Eine Schule des neuen Lebens, ein Lehrgang auf das Ganze hin.
Sie bedeutet mir klipp und klar, daß der wahre Anfänger erst dann anfängt, in seinem neuen Anfang neu zu werden, wenn er schließlich einsieht, daß er am Ende der Lehre der Letzte sein muß:

> Ich bin zunichte geworden
> und war ohne Verstand.
> Wie ein dummes Tier bin ich vor dir.
> R 7, 50

Das ist ein Esel. Soweit geht dieser geheimnisvolle Lehrgang der Regel. Sie fügt aber leise bei:

Und doch bleibe ich stets bei dir.
R 7, 50

Darin liegt ein stummer Jubelruf:

Siehe dein König kommt zu dir,
sanftmütig ist er und reitend
auf einer Eselin –
Mt 21, 5

Am Ende wird der wahre Anfänger mit dem Ersten und dem Letzten einziehen in Jerusalem, er wird ihn tragen als seine einzige Last, heim in den Ursprung.
So bin ich denn in den Lehrgang der Regel, in diesen Ursprung hinein, eingetreten.
Erst fegt sie die Fassade von der dicken Tünche des Dünkels sauber, um auf den Grundriß zu kommen, den dein Finger, Rufer, in den Adamstaub gezeichnet hat, damals im Genesisgarten. Du hast ihn aber neu eingezeichnet, nicht nur mit Speichel am Finger, sondern mit Blut. Diese Erde ist nicht mehr nur Lehm vom Boden, es ist die Erde, aus welcher der zweite Adam stammt:

Nicht aus dem Fleisch,
noch aus dem Wollen des Mannes,
sondern aus Gott.
Joh 1, 13

Es gibt kein Kapitel der Regel, das nicht auf diesen Grundriß, auf das Bild des zweiten Adams hin freimachen will.

Soweit aber muß man sich ablaugen lassen, bis man im Grund des Herzens dich, meinen Anfang, voll Erbarmen sagen hört:

Geh hin und sündige
fortan nicht mehr!
Joh 8, 11

Dann ist der Durchbruch in den Anfang geschehen, auf das Bild im Sand des sechsten Schöpfungstages, auf jenes eigentliche Menschenbild hin, das jener ersten Kreatur zugrunde lag. Von nun an sagt der Anfang zu mir: «Geh hin!»

Und da beginnt nun die zweite Lektion in der Schule der Regel: das Hingehen.

Höre ich dich, Rufer, sagen: «Geh hin!», dann tönen mir alle deine «Geh, geh hin!» deines Evangeliums im Ohr mit. Immer waren es Geheilte, Befreite, Angekommene, Aufgenommene,

in dein Erbarmen Eingegangene, die das hörten von dir, sich aufmachten und hingingen in die Wirklichkeit, ich meine, ins Reich Gottes.
Das ist «dein Reich und die Kraft und die Herrlichkeit», mein ewiger Anfang. Und wo du der Weg bist, was kann der bei dir Angekommene anders tun als gehen, laufen, eilen! Er hat nichts anderes mehr zu tun.
Daher ruft die Regel uns zu:

> Laufet, solange ihr noch das Licht
> des Lebens habt.
> Prolog, 13

Deinen eigenen Ruf, Rufer, ruft sie uns zu, das ist ihre zweite Lektion.
Jedes ihrer Kapitel lenkt, steuert, empfiehlt dieses Laufen, treibt an, hält es in Gang, löst es immer neu aus. Ach, die Regel ist eine einzige heimliche Zündungsanlage, durch die nichts Altes an Ort zu bleiben sicher ist, nichts Neues sich ungestört etablieren kann. Sichere Orte und Etablissements als Ausweichmöglichkeiten werden unmöglich unter diesen Umständen. Man weiß nie, wann sie mir die Brücken in die Luft sprengt.
Das «Geh hin!» des Vaters an den Sohn im Gleichnis vom Weinberg, das große heils-

geschichtliche «Geh hin!» des Vaters an den Sohn, hallt in diesem Ruf meines Rufers wider, und wenn ich Anfänger dann gehe und laufe, ist es das Laufen des WORTES herab vom Thron der Allmacht über die Hügel des alten Bundes in eine Wachehütte auf dem Feld, ist es der Gehorsam des menschgewordenen Anfangs, der von dort ans Kreuz steigt, der in mir geht. Und in seinem, des Anfangs, des Sohnes Hingehen bin ich dann, aus dem Vater und in seinem Hingang zu ihm zurück. Auch wenn ich keuchend, stolpernd im Halbdunkel der Regel nichts tue, als was sie mir in den Sand meines Tages zu tun aufschreibt, von Stunde zu Stunde.

VOM GEHORSAM

So werden durch den Gehorsam des einen die vielen zu Gerechten. Röm 5, 19

Weiter, man muß weiter, wer schweigt und hört, muß weiter, er hört immer besser.
Auf einmal höre ich den Rückruf. Jemand hat zurückgerufen, auf meinen Ruf – zurück. Aber nicht ich.
Jemand hat geantwortet, jemand antwortet dem Wort. Jemand anders, nicht ich.
Seit ich den Rückruf höre, muß ich weiter, weiter. Sich installieren wird unter diesem Umstand unerträglich. Sich einrichten geht nicht mehr. Die Regel duldet es ebenfalls nicht, sie ist ganz dagegen.
Mein Herz auch. Das Installieren bringt es um. Seit es hört, daß jemand geantwortet hat. Auf meinen Ruf geantwortet, Antwort gegeben hat, an meiner Stelle, aus dem Anfang Antwort gegeben auf meinen Ruf, der mir gehört! Wer ist das, Rufer, der dir zurückrief an meiner Statt?

Es gibt einen Rückrufer, einen, der mich übergangen hat. Er hat mich mit seinem Übergang übergangen, denn wer dem Wort antwortet, wer das ganze Wort nicht nur von vorn, nicht nur von mir her, wer es von Anfang an und vom Ende her beantwortet, wer den ganzen Ruf zurückruft, der ist ein Übergang. Vom Jenseits Gottes zum Diesseits Gottes. Ein Übergang ist er vom Nichts ins Ganze, vom Alten ins Neue, er hat ihn vollbracht. Was ich nie hätte vollbringen können, was kein Mensch und kein Engel vollbringt oder vollbracht hat, den Übergang vom Tod ins Leben, hat er vollbracht.
Er hat ihn ohne mich vollbracht. Oder doch nicht ohne mich? Er, der Vollbringer, der die Fülle bringt: Christus.
In seinem Blut hat er zurückgerufen. Das hat geschrien, laut zurückgeschrien –

lauter als das des Abel.
Hebr 12, 24

Abels Blutschrei drang nicht über den Fluß. In seinem eigenen Blut hat der Rückrufer geantwortet, dem Herrlichen, jenseits, am andern Ufer drüben. Sein Blut ist seine Antwort, auch auf meinen Ruf, auf des Rufers Ruf an mich.
Seine Blutspuren auf dem Weg vor unsern

Füßen sind authentische Zeichen seiner authentischen Antwort, des WORTES einzig gültiger, angekommener Antwort.
Blutspuren hier, bei uns, auf den Fliesen des Kreuzgangs, auf den Treppen, im Hof, im Garten, im Chor, wo wir stehen, in der Zelle, auf dem Betpult, wo ich knie –
Wie kommen die hierher? Was soll ich tun jetzt, Rufer?
Du selbst hast dir zurückgerufen, mich in deinem Rückruf in den Anfang zurückgeholt. Der Rückruf ist schon erfolgt. Was soll ich denn nun noch tun dazu?

So verhält es sich mit
meinem Wort,
das aus meinem Munde hervorgeht:
es kommt nicht leer
zu mir zurück,
ohne vollbracht zu haben,
was ich wollte,
und ausgeführt zu haben,
wozu ich es sandte.
Jes 55, 11

Wie ist das? Der Ruf, das WORT, das gerufene Rufwort des sprechenden, des rufenden Anfangs tut etwas? Geht leer aus, kommt voll zurück, ertragreich, beladen mit Beute, mit erfülltem Auftrag. Den trägt es auf seinem Rücken, in seinem Schoß zurück. Ausgetragen hat es ihn, ausgeführt, vollbracht, so hoch, so weit, so breit und so tief hat es ihn durchgeführt, bis es zu Gott sagen konnte:

Es ist vollbracht,
in deine Hände
empfehle ich meinen Geist.
Lk 23, 46

Aber was hat es denn vollbracht? Was hat es zur vollen Fülle hin vollbracht? Was in ihm angelegt, in ihm niedergelegt, zum Reifen eingesenkt war seit seinem urewigen Anfang. Geplant und gewollt hat sein Ursprung etwas, und das plante und wollte sich auch im ausgehenden WORT. Aber was denn?

Nicht nur Ruf über den Fluß zu sein.

Auch nicht nur zurückzukommen, nicht nur Rückruf, Echo in die Herrlichkeit hinein zu sein.

Sondern die Heimkehr, die Rückkehr als das ewig Geplante, ewig Gewollte aus Gott dem Menschen zu bringen in sein Gebüsch, sein Todesgebüsch, indem es selbst hineinkroch – mein Gott, so ist es.

Indem es alles ausleerte, was es war und brachte,

sich selber total ausleerte. Bis es nur noch als eine dürre, trockene Hülse an einem Pfahl hing, ausgeflossen, ohne Blut und Atem, ganz leer.
Sein Leben hat der menschgewordene Rückruf ausgeschüttet, sein Werk, seinen Rückgang, den ganzen vollbrachten Übergang, auch den noch, am Ende hingeschüttet wie Wasser, restlos, bis er erstickt war. An meinem Tod erstickt.
Mein Rufer, Rückrufer, meine Heimkehr, wie konnte ich das damals schon wissen an jenem Morgen unter dem Kastanienbaum, als ich dich hörte, erstmals als Jemanden rufen hörte. Als das WORT, als Gegenwart hörte ich dich, quer durch mich hindurch, als das Neue, das ganz Andere, das alles kreuzweise durchstrich.
Mein Leben ist seither kreuzweise durchgestrichen. Denn alles, woran ich hing, hat es durchgestrichen, um mir meine ganze Abhängigkeit zu zeigen. Reine Abhängigkeit von dir, Aufgehängter, bin ich, und so ist es denn unmöglich jetzt, nicht auch zu hängen.
Das nennt die Regel Gehorsam.
Schon daß wir kommen, beweist, daß wir hängen.

Wenn ich erhöht bin,
werde ich alle an mich ziehen.
Joh 12, 32

Er zieht uns ja doch schon von seinem Balken herab herein in die Regel, wir hängen schon. Gezogen, weggezogen werden vom eigenen Standort, Standpunkt, Stand weg, ist immer schon hangen. In der Regel wirkt sich sein Ziehen viel inständiger aus, viel wirksamer als außerhalb. Sie ist genau genommen die wirksamste Möglichkeit für seinen Zug, die beste Ausgangslage, die große Chance.
Gehorsam ist die Antwort des Gerufenen auf den Ruf aus dem Genesisgarten in die Todesbüsche:

Wo bist du, Mensch?
Gen 3, 9

Der Gehorsam macht sich auf, tritt heraus und läßt sich weinend umarmen vom Vater.
In welche Höhe und Tiefe, Länge und Breite des Rufes holt uns die Regel in ihrem Kapitel über den Gehorsam, der durch alle ihre Kapitel in Gang gebracht wird.
Die Regel ist, geografisch gesehen, Kalvaria. Alle ihre Wege, Treppen, Stufengänge und Saumpfade führen über den Kedronbach an den Ölberg. Von dort zu Pilatus, von dort nach Golgotha, ans Kreuz und in die Auferstehung. Auch dorthin, wo Ostern und Himmelfahrt

stattfinden, das ganze Jahr, das ganze Leben des Mönchs hindurch. Denn sein Hangen ist Gehorsam. Sein Gehorsam ist Rückruf auf den erhorchten Ruf und ruft ihm entgegen:

Hier bin ich!
1 Sam 3, 4

Auferstanden bin ich,
und nun bin ich immer bei dir!
Ps 138, 18

ruft dieser Rückruf des gehorsamen Menschen ins Ohr des Vaters. Denn das ist der Ausruf des neuen Adam am neuen Schöpfungsmorgen, an Ostern, im neuen Paradies.
Der durchtönt jetzt jeden Gehorsam.
Wer die Regel lebt, der hängt. Der Mönch hängt.
Mit Christus zusammen.
Mein Gott, hänge ich aber mit dir zusammen, dann hängt alles zusammen, dann gibt es nur noch Zusammenhang von Himmel und Erde. Dann kann ich gehorchen, weil du auferstanden bist. Dann bin ich auferstanden, weil du gehorcht hast, und mein Gehorsam ist Auferstehung.

Der Ruf aus dem Anfang:

Wo bist du?
Gen 3, 9

erhält Antwort jetzt, ist beantwortet für immer durch dein

Hier bin ich!
1 Sam 3, 4

In diese Antwort hinein führt mich die Regel. Mit jedem Wort. Mit jeder Weisung und Einrichtung, mit dem ganzen Gitterwerk ihrer Bestimmungen, waagrecht und senkrecht durch den regulären Tag. Sie durchkreuzt mich unaufhaltsam, sammelt und fängt damit mein vom Wind in alle Welt verwehtes Wesen in ihre Ordnung, in die des hängenden Christus, wo ich am Herzen des neuen Adam Gott sagen höre:

Mein Sohn bist du,
heute habe ich dich gezeugt.
Ps 2, 7

Diese Zeugung aus deinem Herzen empfange ich selbst, mein Anfang, Herrlicher.

Darum ahmt der Mönch den Herrn nach,
von dem der Apostel sagt:
«Er war gehorsam bis zum Tod.»
R 7, 34

VOM GLAUBEN UND VON DEN GUTEN WERKEN

Er nannte es
Zelt der Zusammenkunft.
Ex 3, 7

In der Regel stehen heißt hinter dem zerrissenen Vorhang stehen.
Im Glauben. Das ist der Ort auf der Welt, wo an Ostern der schwere Behang im Tempel plötzlich von oben bis unten in Fetzen dahing und der Felsen zersprang. Da steigen jetzt immer neu Entschlafene aus den Gräbern herauf und ziehen ein in die heilige Stadt.
Das geschieht im regulären Leben, genau das: das Erdbeben, das Zerreißen, das Erschüttern und Aufspringen der Gruben und Gräber.

Stehen wir endlich einmal auf!
Prolog, 8

«Endlich einmal!» ruft die Regel uns zu.

Die Schrift weckt uns und sagt:
die Stunde ist gekommen,
vom Schlaf aufzustehen.
Prolog, 8

Und schon setzt das Erdbeben des regulären Lebens ein. Nichts wird nicht erschüttert, nicht aufgesprengt, nicht in Frage gestellt, wohin die Regel reicht. Sie belegt meine ganze menschliche Existenz und Gegend, überall geht es in ihr um Durchbruch und Veränderung.
Man lese nur das Vorwort. Wer kann da noch in sich liegen bleiben?

Was könnte uns, liebe Brüder,
willkommener sein,
als diese Stimme des Herrn,
der uns einlädt...
Prolog, 19

Wir wollen uns also
mit dem Glauben umgürten,
in Treue das Gute tun
und unter der Führung des Evangeliums
die Wege gehen,
damit wir ihn schauen dürfen,
der uns in sein Reich gerufen hat.
Prolog, 21

Ich habe den Glaubensgürtel angelegt und gehe hinter dem Evangelium her, um den zu sehen, den ich rufen höre, um ihn dort zu sehen, wo er mich herruft. Um ihn als den zu sehen, der er ist, den, der von Anfang an alle ruft, den König. Dazu legen wir uns bei der Profeß längelang aufs Gesicht mitten in die verbrannte Erde unter unsern Sandalen hinter dem zerrissenen Vorhang der Welt und beten mit der Regel zusammen:

> Nimm mich auf, Herr, nach deinem Wort,
> und ich werde leben,
> und mach mich in meiner Hoffnung
> nicht zuschanden.
> R 58, 21

Natürlich wird er das nicht tun, zuschanden machen, in die Schande bringen den Menschen, der seinem Ruf gehorcht, weil er glaubt.
Ich verstehe nicht, warum der Psalm dich bittet, Rufer, ihn nicht zu enttäuschen. Fehlt ihm der Glaube?
Vielleicht fehlt mir seine Erfahrung mit dir, Gott, Herrlicher, die ihn diesen Flehruf in diesem Augenblick stammeln läßt. Ich fürchte mich leise vor dir, Gott, Unberechenbarer, Ganzanderer. Wie fremd bist du uns, wenn du dich

König nennst. Aber ich vertraue der Regel. Ich halte mich an sie. Sie kennt dich und mich.
«Nimm mich auf!» Wirst du das tun, Rufer? Wozu denn rufst du mich sonst in den Raum hinter dem zerrissenen Behang? Ich bitte dich, nimm mich an, Rufer. Nach deinem Ruf. Und ich werde heraus sein aus meinem Grab und lebendig in die Stadt gehen, wo nur Auferstandene wohnen.
Die Regel verspricht uns ja dein Zelt. Darin werden wir wohnen, wenn wir mit guten Werken voraneilen. Mit guten Werken?

> Wenn wir im Zelt seines Reiches
> wohnen wollen,
> müssen wir mit guten Taten
> vorwärts eilen,
> sonst werden wir nie dorthin gelangen.
> Prolog, 22

Das wollte ich immer wissen, wo ich wohnen werde, wohin du mich rufst, Rufer.
Zunächst riefst du mich in die Regel. Das ist zunächst meine Wohnung. Ihr Wort, ihr Geist. Was für ein Wort? Was für ein Geist?
Das kommt auf mich an. Je nachdem ich höre. Auf mein Ohr kommt es an, das heißt, auf mein

Herz. Je nachdem ist ihr Wort lebenspendender Geist oder tote Chiffre.
Je nachdem, ob mein Herz lebendig ist oder aus Stein, je nachdem ist sie offenes, heiliges Land oder Gesetzesrolle in der Synagoge meines Hochmuts.
Je nachdem, ob ich dich höre, Rufer, je nachdem ist die Regel fließendes Wasser oder rissige Zisterne.
Ich habe also nicht das Recht, jemals über ihre Dürre, über die Wasserarmut ihrer Flüsse zu klagen.
An mir liegt es, daß sie mir aufblüht wie die Lebensbäume am Kristallstrom unter der Tempelschwelle heraus und Früchte trägt, zwölfmal im Jahr, mit Blättern zu Heilzwecken.
Es liegt also an mir, wieviel mir Gott aufgeht, wieviel er auf mich zukommt, in mich eingeht, aus dem Wort und Geist der Regel, je nachdem ich lebendig bin.

Gott ist ein Gott der Lebendigen
und nicht der Toten.
Mt 22, 32

Er ist der Gott Abrahams, der Gott Isaaks und der Gott Jakobs.
Da wird man still, wenn man sich das überlegt.

Derselbe, der Abraham rief, ruft mich. Derselbe. Ruft mich all die Zeit, ruft mich weiter zu sich. Einen Tag lang nichts anderes überlegen, trepp-auf und treppab durch die stillen Gänge, beim Essen, in der Betrachtung, im Chorgebet, in der Messe. Nichts anderes als alles vergessen und den Gott Abrahams hören auf mich hin, den Gott Isaaks, den Gott Jakobs. Wieder schieben sich Wände auf, welche Weite, welche Fern-sicht, und wie rückt alles zusammen. Die ganze Menschheitsgeschichte rückt ins Jetzt des Abrahamrufes an uns, an jeden von uns.
Da kann man nichts mehr lesen über Gott. Geistliche Bücher haben nichts mehr zu sagen, die Regel genügt, solange ich höre. Denn so lange lebe ich, wie Abraham, aus dem Glauben. So lange registriere ich das Regelerdbeben aus dem brodelnden Anfang. So lange höre ich das lautlose Tosen des Rufs im Raum der Regel, in jedem Satz, in jedem Bildwort, und ich fürchte mich. Dann bin ich lebendig, wenn ich mich fürchte. Das ist nämlich die heilige Furcht, die den Berg nicht berührte, als dieser unter dem Gebrause des Feuers aus dem Dornbusch zu tosen begann.
Dieses Erdbeben, dieses Beben des Geistes aus der Regel ins Herz des Mönchs kann sehr leise sein, aber es genügt, um neu erschüttert zu

werden, neu die Erfahrung des Bundes zu machen, des neuen Bundes, der Hochzeit von Gott und Menschheit. Das hört man dann in der Regel sich ankünden, daß Gott nun wohnt unter uns. Die Lage ist doch ganz neu, verglichen mit dem Sinai-Ereignis. Wir müssen nicht mehr sterben, wenn wir ihn berühren, den Herrlichen. Wir sterben aber, wenn wir es nicht tun. Glauben ist berühren und lebendig werden, am Leben bleiben.

Ich will aber nicht sterben, keinen Augenblick lang und nie in meinem Leben. Ewig nie.

Es gibt den Bundesschluß, den neuen, in der Klausur wird er erkannt, erlebt, vollzogen, in der Profeß. Von da aus ist der Tod vorbei. Profeß ist kleiner Bundesschluß im Raum des Glaubens, kleiner Bundesschluß zwischen Gott und Mensch, und doch: der ganze einzige, alles umschließende findet statt in einem herzgroßen Raum. Dann gibt es nichts Kleines mehr, in diesem Augenblick, der alle Räume öffnet dem Gott-Menschen, der Grund ist und Mittler dieser Verbindung: Christus-Jesus.

Mönch-Christ-Bundespartner. Was kann da die Regel anders sein als das neue Gesetz des neuen Bundes, soweit, so nah und sofern sie Evangelium ist.

Die Profeß, von der die Regel im achtundfünfzigsten Kapitel spricht, bedeutet ihr zunächst Aufnahme eines Novizen in die Klostergemeinschaft. Dabei aber vollzieht sich Heilsgeschichte an Ort: Aufnahme in die Gemeinschaft des neuen Bundes – die Kirche. Sie besetzt als Diesseits Gottes alles Menschliche jetzt, alles Geschaffene und alle Einrichtungen, Institutionen, das Kirchengesetz, die Ordensregeln. Himmel und Erde werden durch sie in den Bund, den Jesus Christus begründet, hereingeholt: in die Versöhnung.

So weckt uns die Regel auf, da hinein treibt sie uns an. Sie nennt es «königliches Zelt».

Ein schönes Zelt mit Lilienbanner, blau, weiß, gold – woher kommt das in mein Gedächtnis? Als Kind gesehen, in irgendeinem Buch über irgendeinen französischen Ludwig. Aber das Zelt ist biblisch:

Siehe, das Zelt Gottes,
unter den Menschen.
Und er wird bei ihnen sein Zelt
aufschlagen.
Offb 21, 3

Genau genommen müssen wir da aber doch gar nicht mehr laufen! Wie gut.

Anfang, Rufer, du erwartest mich am Eingang

des «Zeltes unter den Menschen», der Eintritt wird ohne Verhandlungen möglich sein. Nur der Ausweis beunruhigt mich: meine guten Werke. Die Regel spricht ausdrücklich davon. Ich soll nicht nur immer neu voraneilen, im Verlangen, im Erkennen, im Glauben, in der Erschütterung der Gottesgegenwart. Mit guten Werken soll ich voraneilen! «Mit was für Werkzeugen das Gute getan wird», heißt das vierte Kapitel. Mit vierundsiebzig guten Werken soll ich ins königliche Zelt eilen, wie soll man da eilen, laufen, vierundsiebzig! Ich habe nur ein gutes Werk gelernt, Rufer, all die Zeit, nichts als auf dich zu hören. Mir scheint, daneben bleibt keine Zeit für vierundsiebzig gute Werke. Ist denn nicht alles gut, was ein Hörender tut? Er tut das Gute, weil er hört. Er tut es, ohne es zu wissen mit der Zeit, man nennt das Tugend.

> Weil das Gute ihm zur Gewohnheit,
> die Tugend zur Freude geworden ist.
> R 7, 69

Weil er darin wohnt, wird ihm die Tugend zur Gewohnheit und Freude. Weil er schon im Zelt wohnt, auf das er zuläuft. Es gibt da dauernd das Schon und Noch-nicht.
Aber gute Werke gibt es da keine.

Denn du hast den neuen Bund gestiftet, Anfang, Rufer, Gott. Jetzt ist das gute Werk für immer und für alle gestiftet. Es ist eine Stiftung für ganz Arme.
Auf Grund dieses Stipendiums, das den ganz Armen gehört, jenen, die nur hören und gehorchen, erwarte ich, von dir aufgenommen zu werden bei meiner Ankunft am Zelt und verbleibe inzwischen in der Übung meines einzigen guten Werkes: auf dich zu hören, Rufer, und zu gehorchen.

VON DER ARBEIT

Tut eure Werke
vor der End-Zeit.
Sir 51, 30

Wir müssen, solange es Tag ist,
die Werke dessen vollbringen,
der mich gesandt hat.
Es kommt die Nacht,
in der niemand mehr etwas
tun kann.
Joh 9, 6

«Solange es Tag ist» – das bedeutet: «Solange es Zeit ist.» Zeit aber heißt Leben, denn Nacht ist hier Tod.

Laufet,
solange ihr noch das Licht
des Lebens habt,
damit nicht die Schatten des Todes
über euch kommen.
Prolog, 32–34

«Laufen» bedeutet der Regel alles, was den Mönch ins «Licht» hinein treibt, weg aus dem blinden, faulen Müßiggang, in dem das Leben, das eigentliche, verfault. Laufen heißt beten, laufen heißt arbeiten.

Arbeiten heißt hier, der Nacht entlaufen.

Wer glaubt, versteht das.

Es heißt: «Ich glaube, darum rede ich.»

Der Mönch könnte sagen: «Ich glaube, darum arbeite ich.»

Ich arbeite in der Tat, weil ich glaube.

Richtiger wäre vielleicht: «Ich glaube, darum sehe ich, warum ich arbeite.»

Natürlich arbeitet auch der Mönch, um seinen und seiner Gemeinschaft Unterhalt zu verdienen.

Aber der Mönch ist zuerst ein Mensch, der glaubt.

Zwar kommt der Glaube aus dem Hören, aber er macht sehend.

Und so sieht denn der Mönch, worin er steht.

Da er glaubt, sieht er die Gegend, in der er steht, weil er glaubt.

Er sieht, daß er, weil er glaubt, im Eigentlichen steht.

Er sieht also ein, daß er dem Uneigentlichen entrissen und ins Eigentliche versetzt ist, weil er glaubt.

Diese Einsicht des Glaubens bestimmt auch meine Arbeit.

«Entrissen und versetzt» – so massiv verfährt der Glaube. Das erfährt und sieht der Mönch. Es ist unmöglich für ihn, das nicht zu sehen, denn er ist entrissen. Er ist der Finsternis, also dem Nichtsehenkönnen entrissen und damit ins Licht versetzt, das ist in die Sicht des Glaubens, der sehend macht. Dieses Versetztsein sieht der Mönch, er sieht es ein, er stellt es fest, er stellt sich selbst darin fest, er erkennt, daß er im Eigentlichen steht.

Das Eigentliche?

Das Eigentliche ist jemand.

Neben ihm ist alles das Uneigentliche.

Das hat Paulus erfahren, als er ihn erfuhr.

Er wurde entrissen und versetzt, dem Unglauben und damit dem Nichtsehen entrissen und in die Schau versetzt, in die Sicht, ins Licht, das ein Gesicht hat.

Der Mönch ist auch Paulus. Auch für ihn ist der Herr das Eigentliche geworden. Das habe ich nun immer vor Augen, das will ich nie lassen. Ganz gleich was ich tu und wo ich bin, darin will ich bleiben. Der Glaube läßt mir keine Wahl, denn ich sehe, worin ich bin, weil ich glaube. Ich kann nicht mehr herauswollen.

Auch die Regel will nichts anderes, als daß ich darin bleiben will, und so wollen sie dasselbe.

Der Glaube entreißt demnach und versetzt, entreißt dem alten Ersten, versetzt ins neue Zweite, entreißt dem Sichtbaren, versetzt ins Unsichtbare in dem man sieht, was sehen heißt. Dem entgeht keiner, der glaubt, das empfängt jeder, der glaubt.

Und das endet erst, wenn der Glaube aufhört, am Ende, im Tod. Der Tod ist das letzte Uneigentliche, das eigentlich Uneigentliche, dem man entrissen wird, um endgültig ins Endgültige versetzt zu sein.

Was aber nun inzwischen?

Der Mönch will inzwischen entrissen bleiben und immer weiter entrissen werden, dem Schein von Wirklichkeit. Er will heraus aus dem vom Endgültigen her als geltungslos Erachteten, aus all dem, was nicht weiter reicht, als nur bis zu ihm selbst.

Ich will versetzt bleiben, mich immer neu entreißen und versetzen lassen. Dieses paulinische «Heraus» und «Hinein» bestimmt nun mein Leben.

Der Mönch wird davon bestimmt, ist einer, der letztlich nichts mehr versteht, sonst. Denn er sieht ja, worum es geht, um Sinn und Unsinn seines Daseins.

Kann ein solcher Mensch, kann ein Mönch noch auf das Uneigentliche hin in Gang bleiben, mit offenen Augen?

Dafür hat er keine Zeit mehr.
Seine Zeit ist auch versetzt.
Er selbst versetzt dauernd seine Zeit ans Eigentliche, als Versetzter ins Zeitlose, Gültige, versetzt er seine Zeit ans Ewige. Zeit ist für ihn im Eigentlichen sein, im Zeitlosen stehen.
Das zu erkennen, bedarf er nur des Augenblicks, des jeweiligen Jetzt. Seit er das sieht, fängt er an, im Augenblick zu leben. Von jetzt an ist das Jetzt seine Zeit.
Das ist die Zeiteinheit des Eigentlichen, Gott ist im Jetzt.
An dieses Jetzt Gottes, an das Gott-Jetzt tauscht er alles aus, versetzt er alles. Er sucht darin zu bleiben bei allem, was er tut. Und darum wird richtig und gut und schön, was er tut, auch wenn es mißlingt. Es bleibt eigentlich. Denn das Jetzt, in dem es getan wird, gehört dem, dem er selbst gehört, seit er glaubt.
So gilt denn: Ob Gebet, ob Arbeit, es ist immer dieselbe Gegend, in die ich hineingeholt bin, mit allem, was ich arbeite, leide und erfahre. Das Hineingeholtsein ist die alles überragende, alles relativierende «Herrlichkeit des Mönches». Wert und Geltung seiner Arbeit verschwinden darin. Sie hängen nicht von der Arbeit ab, nicht von der Art, nicht von der Leistung.
Die Arbeit ist für den Mönch, wie das Gebet,

nur eine Weise, sich zu versetzen und versetzen zu lassen ans Eigentliche im Jetzt, das ihm dazu gegeben ist.

Das ist der eigentliche Grund, warum der Mönch arbeitet.

VON DER LÄUTERUNG

Er ließ seinen Sohn
durchs Feuer gehen.
2 Kön 16, 3

In dir ist keine Sicherheit. In dir ist auch der Friede nicht, wie ich dachte. Auf dich hören, Rufer, wirft mich immer hinaus, ins Draußen. Draußen ist es finster. Landschaft im Dunkel der Nacht.

Werft ihn hinaus
in die Finsternis!
Mt 22, 13

Ich habe das Kleid nicht für dein Fest, aber gerade darum ließest du mich doch holen von den Zäunen, mit den andern Krüppeln und Lahmen zusammen. Wer bringt denn von der Straßenecke einen feinen Anzug mit?
Ich verstehe nichts mehr. «Hinaus in die Finsternis draußen!»
Es kann dann plötzlich ein Einsehen kommen.

Draußen, das ist der Ort außerhalb. Der Ort des Andern. Der Ort der Herrlichkeit, der ist reine Finsternis für uns innerweltlich Orientierte. Wirkliche, bedrängende, alles, Glaube und Hoffnung und Mönchtum in Frage stellende Finsternis. Im besten Fall setzt sich dann einer hin und sitzt wie Bartimä am Weg nach Jericho, als der Herrliche heraufkam, auf seiner Wanderung nach Jerusalem. Blind ist er sowieso, da ist kein Unterschied.

Da kommst du dann im Geheimen, Unheimlichen, Unfaßlichen, ständig lautlos Geschehenden, in der Unsichtbarkeit des Ganzandern auf mich zu, auf den Menschen, der dasitzt am Straßenrand seiner Existenz.

Da gibt es die Sicherheit nicht mehr, denn da gibt es das Wissen nicht, nur noch das Nichtswissen und Nichtshaben.

Das gibt es dann als klaren Befund.

> Ich bin zunichte geworden
> und war ohne Verstand.
> R 7, 50

Man weiß dann auch nicht mehr, was man einst gewußt hat. Man weiß nicht mehr, ob Bäume stehen der Straße nach, auf der man früher nach Hause ging, man hat die Allee vergessen nach der

Kreuzung, den Weiher links, den Waldrand rechts, man geht wie weg am eigenen Gartentor vorbei, weil man vergessen hat, daß das eigene Haus in einem Garten steht. Ach, wie schwierig es wird, wenn man da hineingerät, ins Nichtsmehrwissen, wenn man dann so herumsteht und herumläuft im inneren Dunkel, wie einer ohne Verstand in der Nacht übers Feld. Man weiß dann eben nicht, woher das kommt, und das ist das Schlimmste daran. Das kommt von der Herrlichkeit des Ganzandern. Ich glaube, sie ist furchtbar.
Die Priester Jahwes mußten den Tempel verlassen, denn die Wolke, Gottes Gegenwart, wollte ihn erfüllen. Da mußten sogar die Priester heraus mit allem Räucherwerk, allen Posaunen und Hörnern, Schlachtopfern, Tauben und Lämmern, alles mußte heraus, sie konnten den Dienst nicht erfüllen,

denn die Herrlichkeit Jahwes
erfüllte Jahwes Tempel.
1 Kön 8, 12

Tempelreinigung im Alten Testament, damit die andere im Neuen verstanden werde: als Jesus kam. Als er in den Tempel trat. Als er den Strick nahm und den ganzen Markt hinaustrieb.

Damals war die den Tempel erfüllende Herrlichkeit da, der Herr. Das Alte hat sich hier erfüllt. Und dieses Neue ist wieder Bild für die Läuterung des Tempels Gottes, der wir sind. Salomon mußte damals den Leuten Gottes Erklärung für dieses Ereignis, das alle vor den Kopf stieß, mitteilen:

Jahwe hat erklärt,
er wolle im Dunkel wohnen.
1 Kön 8, 12

Wie? Darum kein Gottesdienst mehr im Tempel? Kein Gottesdienst, weil Gott gekommen war? Das gilt uns. Dunkelheit, Leere, Öde und Trostlosigkeit, weil Gott gekommen ist. Nacht, weil das Licht aufging.
Ich gehöre ins Dunkel, seit ich dich höre, ich weiß aber nicht, daß du darin wohnst. Ins Nichtwissen gehöre ich nämlich, ins Hangen und Bangen, man nennt das: Leben in Gott.
Aber ich sage dir etwas, Rufer, darin wird mein Verlangen nach dir hart.

Hart wie der Tod
härter als die Hölle.
Hld 8, 6

Einmal werde ich nicht mehr leben, einmal werde ich zu Ende gelebt, zu Ende gehangen, zu Ende gebangt haben, dann werde ich zu Ende gestorben sein. Aber siehe dann, mein Verlangen nach dir, WORT, nach dir, meinem ewigen Anfang, bleibt am Leben, meine Unsterblichkeit steht also fest, du wirst absolut immer, das heißt in alle Ewigkeit, mein armes schwaches Verlangen nach dir rufen hören: «Komm!»

Was tut die Regel, wie hilft sie mir hier? Sie bleibt so still. Sie läßt mich reden, bis auch ich schweige. Das ist das Fegfeuer der Regel.

Sie hat die Erfahrung des Himmels in sich. Das Absolute spricht aus ihr. Man hört den Geist in ihr singen, schweigen, sprechen. Sie gibt ihn uns aber nur in kleinen, kargen Krümeln Gefangenenbrotes zu essen, den Himmel. Sie öffnet ihre Türen auf dich, meinen Anfang, hin, aber nur zu immer größeren Fernen, hinter denen du nach mir rufst.

So beweist sie uns, daß wir noch in der Fremde sind, je länger desto mehr. Soll das ihr Trost sein? Soll das ihre Hilfe sein? In diesem Augenblick antwortet nicht sie, sondern die Stimme Benedikts. Er verteidigt sich selbst, wenn er die Regel entschuldigt.

Im dreiundsiebzigsten Kapitel, betitelt: «Daß in dieser Regel nicht alles vorgeschrieben ist, was zu einem Leben in vollkommener Gerechtigkeit gehört», schreibt Benedikt:

Diese Regel haben wir geschrieben,
damit wir durch ihre Beobachtung
im Kloster
eine gewisse, unserm Stand
entsprechende Tugend bekunden
und einen Anfang
im klösterlichen Leben machen.
Wer aber im klösterlichen Leben rasch
zur Vollkommenheit gelangen will,
den verweisen wir
auf die Lehren der heiligen Väter,
deren Beobachtung den Menschen
bis zur Höhe der Vollkommenheit führt.
Ist denn nicht jede Seite
und jedes von Gott beglaubigte Wort
des alten und neuen Testamentes
eine gerade Richtschnur
für das menschliche Leben?
R 73, 1–3

An den Ursprung verweist uns die Regel am Ende, aber das wußte ich, am Schluß stellt sie uns an den Anfang, das ist ihr ganzer Trost in der Nacht.
Mehr sagt sie nicht.

Vielleicht, weil dann einer wirklich angekommen ist, wenn er am Schluß seiner Weisheit, am Ende seiner Kraft gehorsam hinhört, als vernähme er das erste Mal den Ruf «Wo bist du?» aus dem Genesisgarten.
Ich weiß es nicht. Ich weiß nicht, wie es dann sein wird. Vielleicht redet die Regel überhaupt nur zu solchen, die noch nicht angekommen sind. Denn die im dunklen Feuer Angekommenen bedürfen keiner Reden mehr. Sie stehen im WORT, das zu ihnen sagt:

Ich bin gekommen,
Feuer auf die Erde zu senden,
und was will ich anderes,
als daß es brenne.
Lk 12, 49

Mit denen im Feuer redet die Regel bestimmt nicht mehr, denn Feuer kennt keine andere Regel mehr, als zu brennen. Nur das sagt sie zu ihnen noch:

Hab festen Mut und ertrage den Herrn.
R 7, 37 *(Ps 27, 14)*

Und sie deutet auf die Schrift, die sagt:

Gott, du hast uns geprüft,
du hast uns im Feuer geläutert,
wie man das Silber
im Feuer läutert.
R 7, 40 *(Ps 66, 10)*

Ich weiß ja, das Nein Gottes zu mir ist nichts als mein Unvermögen, in sein Ja einzugehen, so wie ich bin. Erst umgeschmolzen geht man ein, und die Regel gleicht am Anfang und am Ende und allenthalben dem Schmelzer, der sich hinsetzt, um uns zu reinigen. Reinigen? Ja, wie in einer Lauge reinigen wirst du den Regularen durch die Regel hindurch, das innere Ohr reinigen wirst du ihm, Rufer, für deinen Ruf, das WORT, auf jenen Tag hin.
Auf das Heute, «wo wir seine Stimme hören».

Wer wird den Tag seines Kommens ertragen,
und wer wird bestehen bei seinem
Erscheinen?
Denn er ist wie das Feuer des Schmelzers
und wie die Lauge der Walker.
Dann wird er sich hinsetzen
und schmelzen und läutern,
er wird die Söhne Levis reinigen
und läutern wie Gold und Silber.
Mal 3, 2–3

Die Regel ist somit das Fegfeuer in konkreter Form, Gestalt, Absicht und Wirkung. Nirgends kann ich in ihr abstehen, nirgends meinen Fuß hinsetzen, ohne daß mir nicht gleich die Sohle brennt. Aber man muß ja auch nicht dahinwandeln wollen in ihr. Wandeln in ihr heißt laufen.

> Lauft, solange ihr noch das Licht des
> Lebens habt.
> Prolog, 13

Lauft, solange ihr das Leben, das brennende Leben, Gott, in euch habt, denn so lange könnt ihr gar nicht anders als laufen. Laufen heißt glühen, heißt brennen. Wer noch nicht brennt, läuft noch nicht, den schmerzt das Fegfeuer der Regel dann aber noch lange. Dem Liebenden aber, dem Armen, dem Glühenden, dem Umgekehrten, dem Tapferen, ihnen allen, die die Schmelze unter dem Ruf aus dem Anfang, unter dem Ruf aus dem Ende durchstehen, wird dieses Feuer süß wie den jüdischen Männern im Feuerofen zu Babel, taufrisch und süß:

> Und er läuft den Weg der Gebote Gottes
> in der unsagbaren Freude der Liebe.
> Prolog, 49

Wir sollen in diese Liebe laufen. Das geht aber nur durch das Feuer. So diskret die Regel ist, so abgewogen, so ausgeglichen maßvoll, was alles sie so alt und so jung, so geschichtsbestimmend und zeitlos macht, sie erspart uns diesen Lauf durchs Feuer nicht.

Wir errichten also eine Schule,
wo man dem Herrn dienen lernt.
Es liegt in unserer Absicht,
bei dieser Gründung nichts Hartes,
nichts Schweres anzuordnen.
Sollte aber auch einmal
etwas Strengeres vorkommen,
weil es zur Läuterung von Fehlern
und zur Erhaltung der Liebe
durch Recht und Billigkeit geboten
erscheint,
so sollst du nicht,
von plötzlicher Angst verwirrt,
vor dem Weg des Heils zurückschrecken,
der am Anfang nicht anders
als eng sein kann.
Prolog, 45–48

Feuer, Gott, du brennst mir meinen Turm aus. An wen kann ich gegen diese Brandschatzung appellieren? Sie ist völlig regulär.

VON DER GEDULD

Er, der Himmel, wird der Erde willfahren.
Hos 2, 21

Himmel und Erde sind jetzt ineinander, seit der Herrliche die Straße von Jericho nach Jerusalem heraufkam, wo Bartimä auf einem Stein saß und schrie.
Gott kommt von unten.
Das Dasein wird ernst.
Denn seither ist unten oben, seither ist die Herrlichkeit zuunterst, aber wer versteht das?
Etwas ist geschehen in der Geschichte des Menschen, in seiner Urgeschichte schon, was ihn bis heute daran hindert, das zu verstehen. Seitdem jene Engel heraussprangen aus der Wahrheit, die ihnen eröffnete, daß sie nur Geschöpfe seien, seither versteht das kein Mensch. Jene Engel wollten das nicht, und so sprangen sie heraus. In den Irrtum, selber Gott zu sein. Das war die Alternative. Entweder oder. Aber außerhalb

der Wahrheit ist nur Lüge. Und die Lüge trägt letztlich nicht.

Damals barst sie auseinander, wie die Erde unter Datan und Kore in der Wüste. So stürzten die Engel in ihren ewigen Sturz und können nur noch lügen seither. Das ist schuld am Unverstand des Menschen. Er wurde von den lügenden Engeln verseucht, die Schöpfung wurde von ihrer Lüge verseucht, der Mensch zuerst.

Seither versucht er dauernd, das Übersich auf den Ziegelstufen des Babelturms zu ersteigen, anstatt sein inneres Ohr, sein Herz zu öffnen dem herabsteigenden Wort.

Pausenlos versucht er weiter und weiter zu fassen das Außerihmselbst, um alles zu bekommen, um alles zu haben, um alles zu sein, nicht nur sich, auch den Andern, des Herrlichen Herrschaft zu greifen, solange dieser ihn noch trägt und erträgt. Es ist aber nicht sicher, daß die Herrlichkeit ihn ewig durchträgt und sich nicht endsallerends auftut ins Feuer der Lüge und sich darüber wieder verschließt für immer. Wie wird das sein? Schwebt dann sein Geist über dem Schwefelsee?

Aber das Wort ist doch ein Mensch jetzt, ist unten jetzt und ruft nun alles nach unten zurück, dorthin, wo seine Herrlichkeit ist. Immer sinkt die Herrlichkeit seither im Menschen Jesus nach unten, und aus ihm steigt sie ebenso immer zur Höhe und reißt alles mit sich, eine Kugel des Heils, die dauernd sich dreht, den Himmel in die Erde, die Erde in den Himmel, den Himmel in die Erde ...

Hierin ist jeder der Mensch, jeder ist da die Menschheit. Und noch immer wüßte ich nichts weiter zu tun als nach dem Ganzen, nach der Herrschaft zu fassen in jeder Form und Weise, die sie mir habhaft machte, wenn du, mein Rufer, mein Anfang, nicht ein Mensch wärst, jetzt.

Denn jetzt rufst du auch von unten her, rufst alles nach unten hin zurück, immer nach unten, dorthin, wo du bist, Herrlichkeit Gottes in Jesus.

Himmel und Erde sind jetzt ineinander. Und das ist letztlich der Existenzgrund der Regel. Daraufhin wurde sie geschrieben. Aus diesem Grund ist sie so alt geworden, und darum stirbt sie nicht.

Wie gut ist es doch, das zu sehen, man atmet tief wie oben auf zweitausend Metern: Erde und Himmel ineinander in diesem kleinen alten Buch. In beiden Bereichen zu sein, ist mir aufgetragen, seit mein Ruf mich zum ersten Mal rief, nur in beiden ist die Wahrheit, seit die Wahrheit die Straße von Jericho daherkam. Ohne mein Zutun bin ich hereingeholt, ich denke dauernd darüber nach: Ja gewiß, immer in beiden Bereichen, keinen Augenblick außerhalb, was immer geschieht, im Himmel und auf der Erde zugleich. Das Leben in dieser Einsicht wird zur permanenten Meditation. Was täte ich jetzt, wenn ich in New York wohnte? Vielleicht, ja sicher, dasselbe. Es wäre nur schwieriger. Aber ich müßte mich einrichten, bis ich auch in New York in beiden Bereichen zu sein vermöchte, so oder so, keiner ist außerhalb.

Aber Denken, Nachdenken ermüdet oft so sehr, am Ende lasse ich meist alles Denken los und stehe gedankenlos und ratlos im Geheimnis der Welt und des Himmels in ihr. Das ist schon besser, aber man wird so überflüssig dabei. Alles, die ganze Wahrheit, fließt über mich hin. Steht ohne meine Einsicht da, und das leide ich schlecht. Ich überlege mir dann auf einmal wieder, wie lange dieses Geheimnis, wie lange es schon so, über alles Denken und Überlegen hinaus, dasteht ohne mich und nach mir dastehen wird. Und dann sehe ich mich nach dem Sinn um, den ich darin habe.

In mir liegt der Sinn nicht. Auch wenn Ziel und Vollendung meiner Person von diesem Darinsein abhängen, er liegt über mir, er ist mir völlig überlegen.

Es geht zuerst und zuletzt gar nicht um mich.

Was daran ist, mit Himmel und Erde zu geschehen, wird durch dich, Rufer, in Bewegung gebracht, durch deine Bewegung, deinen Weg, und das muß man aushalten, da wo man steht. Meist ohne Licht.

In der Regel wird das leichter ausgehalten. Sie ist immerhin ein Haus. Ihre Ordnung, ihr Gefüge halten dem Geheimnis «Gott in der Welt», dem Mysterium «Himmel auf Erden» stand – im Mönch. Dazu ist dieses Regelhaus gebaut. Das sieht man aber erst, wenn man ins Zusammenspiel beider gerät.

Aushalten, sagte ich, gewiß. Aber wach, gespannt, horchend, tastend und fühlend und witternd, wie ein Tier in der Steppe den Regen oder den Frühling riecht in der Luft. Im lautlosen Leeren, am besten einsam, abwartend, ruhig. Selten stehst du mir bei, Rufer, du kommst nur von vorn im Ganzen, Unfaßlichen, ständig stumm und zeichenlos Geschehenden auf mich los, auf den armen Menschen, die Kreatur am Straßenrand ihres Daseins. Da sitzt sie.

Man wird von sich weg dahin vertrieben, an den Rand. Seitdem du kommst.

Das ist der ganze Grund: Du kommst. Darum. Das ist das Geheimnis. Du bist ein Kommender, dein Wesen ist Kommen, weil es Liebe ist.

Ein Ausgestoßener ist Bartimä. Ein Wurm im Straßendreck; so einer ist man dann, weil Gott da ist.

Rufer, WORT, Ja des Vaters, das bist du doch! Du trägst eine Verneinung in dir, die aus deinem Wesen stammt, aus dem absoluten Ja deines Wesens. Und so kommst du auf mich zu. Wie soll es mir dabei ergehen? Das ist leicht zu sagen. In mir ist nichts Absolutes. In all meinen Belangen lange ich aus nach etwas, nach jemandem. Ich bin nur immer entsprechend. In jeder Hinsicht entsprechend, immer je mehr – desto, je weniger – umso, ich bin immer je nachdem. Dauernd muß ich außerdem außer mir stehen, um stehen zu können, mein Kern ist kein Ort. Er ist nur Verlangen und Begehren, je nachdem. Und selbst das Verlangen in mir besitze ich nicht, es hängt nicht von mir ab, es ist auch ganz und nur immer entsprechend, je und desto. Welche Misere, nach allem! Im Grunde, mein Rufer, ist Unsicherheit und Angst des Herzens zuinnerst, im Grunde meiner Befindlichkeit, immer dagewesen, seit ich dich höre. Sicher ist: Der Kern meines Wesens ist Sehnsucht. Du hast sie entzündet an dir. Das war nicht schwer. Ich bin ja als Docht für dich, Flamme, Gott, ausgedacht. Zum Brennen bestimmt, mit Wachs umgeben, von Anfang an, mit all dem Mensch-

lichen, das nichts anderes ist als Brennstoff für das Absolute, für deine Liebe.
Doch wenn ich mich erheben und auf dich zugehen will, weil ich nicht anders kann, als mich dir nahen – auch das liegt bei dir, du läßt mir ja keinen Atem anderswohin – nahe ich mich dir, dann bist du mir Nacht und Schrecken.
Soll ich dasitzen und warten? Wie lange? Bis ich rein sein werde? Wann werde ich rein sein? Wenn ich nicht dasitze, wenn ich nicht warte, wenn ich auf dich zulaufe, Feuer – wer kann das? Unrein bin ich. «Komm nicht!» müßte ich rufen und die hölzerne Klapper drehen, wenn du daherkommst.
Du kommst zur Welt. Du kommst die Straße von Jericho nach Jerusalem daher, ein Bild, wie das vom unter die Räuber geratenen Mann, das geschah auf derselben Straße. Der lag dann da und wartete auf den Samariter. Der kam, und alles kam in Ordnung, Wein, Öl, Herberge, und er hat alles bezahlt. Ein Bild für dein Kommen. Diese Straße daher, alle Straßen auf Erden kommst du daher. Und da warte ich, und das kannst du mir glauben, da bleibe ich nun sitzen, bis du nicht mehr kommst, weil du da bist.
Ganz weit gefaßt: In der Regel ist dieser Ort, wo man auf dich wartet, bis du nicht mehr kommen mußt, weil Himmel und Erde völlig inein-

ander übergegangen sind in deinem Übergang, Rufer, davon sprach ich dir schon. Es ging mir hier nur darum, mir selbst zu beweisen, daß ich als Regulare nicht Schwester A oder Schwester B oder Schwester XY heiße, sondern Bartimäa. Der Beweis ist überflüssig, Rufer, seit es beinahe wie von selber aus mir ruft: «Jesus, Sohn Davids, erbarme dich meiner!»
Dieses Dasitzen im Dunkel und dieses Schreien des Herzens, beinahe aus sich selber, das ist das Andere, das, was von mir her kommt, von mir her auf dich zu. Und das liegt nun eindeutig bei mir und wird wohl nie mehr anders werden. Denn je mehr du zu Bartimä, zur armen, blinden Welt Bartimä kommst, um so mehr fängt sie an zu schreien nach dir, aus all ihren Herzen. Das hört erst auf, wenn du nicht mehr kommst, weil du für immer da bist.
Himmel und Erde. Noch einmal: Schreien und Dasitzen im Staub seiner selbst – was ist man anders vom Ursprung her? –, das ist «Erde», aber das Hören deines Rufes, Rufer, das Vernehmen, das Wissen, daß du kommst, die Freude, daß du immer kommen wirst, bis du angekommen bist auf der ganzen Welt, das ist schon «Himmel», und wo Bartimä sitzt, gehen beide ineinander. Und so weiß ich, was ich zu tun habe für immer: Bleiben.

Die Regel ist seither mit mir zufrieden, scheint mir. Sie hat mich in diese dritte Lektion eingeführt und gibt mir das Verstehen dafür, daß sich in dieser Lektion alles entscheidet.
Im Grunde erteilt sie nur diese dritte Lektion in ihrer ganzen Lehre. Die beiden ersten, von denen ich sprach, gehören dazu. Die Regel könnte man als eine einzige Lektion bezeichnen, die «Bartimä» heißt.
Alles, was sie über das Menschenwesen vor Gott im zentralen siebenten Kapitel über die Demut lehrt, läuft zusammen in diesem Harren auf dein Kommen, in diesem Dasitzen am Weg in Blindheit und Lumpen, in dieser Sehnsucht nach deinem Gesicht.
Sich ausstrecken, mit allen gesammelten Kräften aus dem Nichts, das man Sünde nennt, auf dich hin, im tonlosen Schrei des Glaubens nach dir, Christus, zu warten, in Starkmut immer erwartend ein Kommendes, das Rettung ist, oder Heil, die Vergebung für alle: Das ist die Lektion der Regel, die ganze. Denn die Regel meint immer Bartimäs Armut am Wegrand, in die alles hinausläuft. Bartimä ist man niemals genug. Er ist immer noch ärmer, noch blinder, noch sündiger, noch verlorener, als man sich sieht, mit Bartimä kommt man nie an ein Ende.
Denn aus immer tieferer Tiefe will Gott ange-

rufen sein mit seinem «Jesus, Sohn Davids, erbarme dich meiner!», seit Gott unten ist, im grundlosen Unten, in das er hinabstieg am Kreuz.

Seither sitzt er selber am Straßenrand im Elend und heißt Bartimä, falls einer von uns nächstens von Jerusalem nach Jericho hinunterreitet. In jedem Menschen, dem ich begegne, in uns allen, auch wenn wir gar keine Ahnung davon haben sollten.

Wir sollten viel liebreicher, viel ehrfürchtiger umgehen mit uns, Rufer, wenn das stimmt.

VON DER LESUNG

Ich bin gewandelt
in deiner Wahrheit.
Ps 26, 3

Die Regel ist eine Gegend, Gottes Gegend für den Mönch. Man wandert darin, und wo immer man hinkommt, begegnet man Gott. Das ist eigentlich selbstverständlich, nach allem, was man über sie in Erfahrung gebracht hat. Wie sollte man in der Regel Gott nicht begegnen? Wie sollte man ihm in der Regel entgehen können?

Die Regel stellt dafür ausdrücklich Stunden in den Tageslaufplan. Besonders geeignete Zeit der Begegnung mit dem Rufer ist ausdrücklich in ihrer Gegend angelegt und angeordnet, wo sie stattfinden kann, wenn es auch in seinem Plan und in seiner Zeit liegt.

Es sind die wunderbar leeren, mit «Geistliche Lesung» bezeichneten, getarnten Stunden im regulären Tag. Das Buch, das man dabei benützt, kann eine Art von Deckung, ein Alibi bieten.

Wichtig ist dabei die leere, die reine, die nicht anders verwendbare Zeit. Darin wird das, was wirklich ist, als die Wirklichkeit erkannt. Das braucht immer Zeit. Die Regel schenkt sie uns. Sie ist gut.

Was wirklich ist, muß man dann nicht einem Buch entnehmen. Diese Quelle ist oft nur eine Ansicht, nicht einmal von der –, meist nur über die Wirklichkeit. Wahrheit kann man, glaube ich, überhaupt nicht lesen, sie läßt sich nicht beschreiben, außer in der Schrift, die sie selber geschrieben hat, und sicher auch in den Schriften ihrer echten Deuter. Aber in diesen regulären, ganz auf das WORT hin offenen Zeiten wird sie selbst wahrnehmbar, das Wahre läßt sich nehmen, greifen wie ein Vogel aus dem Hinterhalt, mit der bloßen Hand. Ohne jeden Fluchtversuch, beim ersten Zusammentreffen.

Diese Zeiten schenken die Gegend, worin man wahrnimmt, während man in ihr umhergeht, sich hinsetzt, schaut, betrachtet und nachdenkt. Soll das nicht «Geistliche Lesung» sein?

Liest man da nicht mit den Augen aus der Anschauung, was ist? Was soll man sonst lesen und wozu?

Die Wirklichkeit, in der man während der reinen Zeit herumgeht, um sie anzuschauen, ist aber etwas ganz Gedankenloses, ganz Bildloses, etwas in sich Dastehendes. Mir gegenüber. Eine gedanken- und bildlose Gegend, die – und das ist nicht leicht zu verstehen – Ereignis ist. Kann eine Gegend Ereignis sein? In der Wirklichkeit, um die es hier geht, in der Zeit der «Geistlichen Lesung», geschieht das. Von einer andern ist nicht die Rede, die gibt es im Grunde, von hier aus gesehen, gar nicht. Gegend ist Ereignis hier, außerhalb von mir selber, ohne Bezug zu mir, wie es den Anschein haben kann, ich meine: objektives Ereignis, Objektivität. Jedoch wahrnehmbare, ich bin also wohl dabei. Sie ist aber auch, wenn ich sie nicht wahrnehme, weil ich nicht dabei bin, weil ich mich irgendwo im Eigenen herumtreibe, in der Zerstreuung.

Das ist das große Geschenk der Regel: dieser Raum, diese Gegend für diese Wahrnehmung der Wahrheit, die Zeit dafür und die Stille, das ist das Beste, was sie uns schenkt, etwas vom Besten. Ich nahm darin wahr, daß ich nie aus dieser Gegend und aus diesem Ereignis, das sie ist, heraus kann. Es ist das Ereignis «Gott». Denn ich bin so darin, so daraus hervor – das kann ich alles lesen darin, wenn ich das geistliche Buch schließe –, daß es keinen Ausweg mehr gibt, die Ereignisgegend ist in mir selber oder durch mich hindurch.

Doch das ist es nicht, was mich beschäftigt, wo

und wie ich darin bin, denn – und auch das lese ich gedankenlos im leeren Einsehen – diese Gegend «Gott» ist nicht in –, nicht außer meiner Person. Sie ist auf nichts anderes hin, sie ist in sich:

Ich bin der da ist.
Ex 3, 14

Das Wahrnehmen der Wahrheit ist möglich, weil Gottes Erbarmen sich dauernd über dem Menschen öffnet, auf ihn hin!

Ich bin der auf dich hin da ist.
Ex 3,14

Ich lasse es also für mich bei «Gegend» und bei «Ereignis», wenn ich «Gott» denke, entsprechend der Wahrnehmung der wahren Wirklichkeit, und halte dafür, daß uns die Regel in der uns angewiesenen geistlichen Lesung hineinbeordert, besonders und ausdrücklich, wo sie sagt:

Von der vierten Stunde bis zur Zeit,
da sie die Sext halten,
sind sie frei für die Lesung . . .
Falls aber einer für sich lesen will,

lese er so, daß er keinen andern stört ...
Bis zum Beginn der Fastenzeit
sind sie bis zum Ende der zweiten Stunde frei
für die Lesung ...
Während der Tage der Fastenzeit
sind die Brüder vom Morgen
bis zum Ende der dritten Stunde frei
für ihre Lesung.
R 48, 4/5/10/14

Wer die Wirklichkeit wahr-nimmt, vielleicht ohne Buch, vielleicht durch das Buch hindurch, vielleicht ehe er es öffnet, vielleicht auch erst nachher, – jene Wirklichkeit, die sich erfassen und annehmen läßt, für den liegt es auf der Hand, was da alles andere, das ganze Dasein bedeutet. Es ist nur insofern wirklich, als es Anteil hat an dieser Wirklichkeit. Es ist bezogen auf die Wahrheit, um von ihr angezogen und aus sich heraus hineingezogen zu werden in die Gegend des Ereignisses, ins Ereignis selbst, um das es sich während der Lesung und überhaupt immer handelt:

Wenn ich erhöht sein werde,
will ich alle an mich ziehen.
Joh 12, 32

Das ist das Ereignis und die Gegend, worin man dann ist. Das wird wahrgenommen, denn man wird wirklich und wahr genommen in dieses Ziehen, den Sog vom Kreuz her.
In der reinen leeren Lese-Zeit der Regel geschieht das, bild-, wort- und gedankenlos.

VON DER MEDITATION

Die mit Tränen säen,
werden mit Jubel ernten.
Ps 126, 5

Ich vermute, die meisten Novizinnen suchen gleich nach ihrem Eintritt ins Kloster ein Kapitel über Meditation in der Regel. Die Durchsuchung des Regelhauses nach dieser Perle ist begreiflich:

Das Himmelreich gleicht einem Kaufmann,
der kostbare Perlen suchte.
Als er eine sehr wertvolle gefunden hatte,
ging er hin und verkaufte alles,
was er besaß, und kaufte sie.
Mt 13, 45–46

Hat man nicht alles verkauft, die ganze Welt hat man verkauft, um sie zu kaufen, das Leben hat man verkauft, o ja, mein eigenes, einziges, so schönes, so kostbares freies Leben dort drüben hinter der Brücke zur Stadt. Es gefiel mir doch gar nicht schlecht in all meinen Möglichkeiten dort drüben. Und nicht einmal auf ein geliebtes Gesicht hin habe ich es verkauft, dafür kann man nur das Himmelreich wollen, weniger nicht, die Perle, die eine, einzige. Natürlich, sie hat auch ein Gesicht . . .

In der Meditation wird sie angepriesen weltauf, weltab. Das ist seltsam: Die Welt verkauft das Himmelreich. Man kann, erzählt man mir, in München nicht vierzig Schritte machen, ohne einen Meditationsverkäufer zu treffen, und hier, im diesseitigen Jenseits der Klausur des benediktinisch-monastischen Lebens, hier, wo der Ruf aus dem Anfang pausenlos anruft in die Hörmuschel des Herzens, redet die Regel überhaupt nicht davon.

Ich habe viele Male alle Kapitel durchsucht und nur die Herzenszerknirschung gefunden, das war beinahe alles. Wer ist da nicht enttäuscht nach allem? Nach der Erfahrung des alles in Frage stellenden Flusses durchs Haus daheim, durch das ganze Leben daheim. Nach der Erfahrung des angeschossenen Vogelflügels zuhause, mit dem man dann nur immer rundum flog, um den todleisen, alles sprengenden Ruf. Nach der endlich alles in sich sammelnden Erfahrung der Öffnung ins Ganze durch das Gittergesicht im Tor des Klosters am Passionssonntag einst. Ich wollte in die Meditation eintreten, auf jeden Fall, in diese Klausur-Kugel um das geordnete Schweigen, worin das Heil – ach, was lag alles darin –, worin also das, was ich Heil nenne, wohnt.

Und als ich mir dann die kleine, schiefe Armut als Hütte, die niemand sah, umlegte, um ungestört darin geboren zu werden, tat ich das, um immer zu meditieren. Aber was heißt meditieren?

In der Regel fand ich keine Anleitung. Sie sagt nur im zweiundfünfzigsten Kapitel, wenn man für sich beten wolle, still, allein, dann müsse das mit Tränen und Zerknirschung geschehen.

> Er soll unter Tränen
> und in der Lauterkeit
> des Herzens beten.
> R 52, 4

Das hört sich fremd an! Beides klingt wie aus einem zerlesenen uralten Gebetbuch meiner Großmutter, das sie aus einem Kloster des heiligen Franz von Sales, wo sie erzogen worden war, in ihre Ehe mitgebracht hatte. Ich wußte nicht, wie dieses Gebet vonstatten ging, aber ich war nicht sicher, ob hier nicht das Geheimnis der Meditation verborgen lag, die Perle. Unter den uralten zerlesenen Begriffen von Reueschmerz und Einfalt.

Von erfahrenen Mönchen habe ich dann gelernt, in diesem Regelwort das Wesen benediktinischer Meditation zu erkennen, die wir inneres Gebet nennen.

Wieder geht ein Tor auf, wieder verschwinden Nebensächlichkeiten am Weg der Erfahrung, neues Ausräumen, neues Verlieren und Aufgeben eigener Ansichten und besonderer Einsichten, worin ich mich, ohne zu wollen und zu wissen, einzurichten bemühte. Die Hütte ist richtig. In ihrer Armut ist Meditation wie von selbst gegeben, denn nur die Einfalt verlegt sich aufs Hören aus dem Ursprung als einzige Übung meditativer Versenkung. Auf dieses Hören hin habe ich mir meine Hütte aber doch umgelegt. Wieder hat die Regel recht: Die Perle, das Himmelreich kommt nur aus dem Ruf, nur aus dem WORT im Herzensgrund. Die Regel reicht aus für die Erfahrung «Gott». Und so höre ich weiter, mit neuem Mut, an allen weltauf und weltab gepriesenen Methoden vorbei, Tag um Tag, Abend für Abend, Morgen für Morgen, es vergeht viel Zeit inzwischen, viel leere, ans Hören verlorene Zeit.

Ich rede zu dir, Rufer, ich meditiere über Medi-

tation und ende im Hören auf dich – es ist ganz still auf der Zelle ...
Ich rede zu dir, vor dir rede ich zu dir. Und wieder ende ich im Hören auf dich – es ist ganz still im Kloster ...
Mein Denken hört auf, im Hören auf dich. Was ist nur mit dir und mir, daß mir das Hören auf dich zum Atmen wird, zum Essen und Trinken – es ist ganz still auf der Welt ...
Wer dich einmal gehört hat, dem wird das Hören zum Element seines Lebens, durch alle Jahrhunderte.

Hören will ich,
was Gott redet.
Ps 75, 9

Der alte Psalmvers spricht mit einer Feierlichkeit, als würde damit der verbrannte Salomonische Tempel wieder aufgebaut. Und Jahrtausende sprechen es dem ersten Getroffenen nach, dem ersten, von dir, Rufer, in seinem Urgrund getroffenen Zeugen des Ur-Rufes aus dem Anfang. Sie bezeugen damit den Ruf, sie bezeugen dich, sie bezeugen das Geheimnis des Hörens.
Ich bin dabei, wir sind alle dabei.
Aber nicht, was Gott redet, will ich hören, sondern daß er redet, das will ich immer und unab-

lässig hören, davon will ich nie ablassen. Was immer er redet, daß er redet, ist das erste, was ich hören will. Dich, dich selbst, nicht ein Wort über dich will ich hören, nicht eine Wahrheit über dich, nicht das oder jenes von dir oder über dich. Mein Ohr ist nicht dazu gemacht, etwas über dich zu vernehmen. Das reichte nie, ewig nie aus für mein Gehör. Dich, Wort, aufzunehmen, zu essen und zu trinken und einzuatmen und daraus zu leben, dazu bin ich Ohr. Für nichts sonst. Ach, Rufer, höre, mein Ohr ist mir Beweis genug für meine Unsterblichkeit, es wird nie aufhören, für dich geschaffen zu sein, deine Unsterblichkeit aufzunehmen im Hören und Vernehmen, geschaffen, dich ohne Aufhören in sich einzunehmen, Unsterblicher, dich selber, Gott, Wort.

Meditieren – im Sinne Benedikts – ist nicht gleichbedeutend mit Denken. Denken hört dich nicht. Denken verläuft nur immer in mir selber. Meine Gedanken über dich rennen nur immer den Wänden der Denkrinde entlang. An dich denken bringt alles zum Kreisen und Kreiseln darin, aber nichts geschieht, keine Lösung, keine Erlösung. So sitze ich denn still da und denke nicht über dich nach, sitze einfältig da. Das ist Meditation in der Hütte, reguläre, wie ich sie verstehe. Nicht an dich denken öffnet

nämlich den Raum zwischen dir und mir. Mit dem ganzen Herzen muß ich somit an dich nicht denken, mit dem ganzen Gemüte und aus aller Kraft, Gott.
«Hören will ich, daß Gott redet.»
Das ist meine Version, denn was Gott redet, das spricht er gar nicht zuerst zu mir.
Du redest zu dir selbst, du redest zu dir. Das Du ist das, was redet. Und das Dir ist das andere, das, was dem Du zuhört. Es fließt also rund, was geschieht, vom Du zum Dir geht alles in dir.
Du bist also ein einziges Kreisum.
Darin einer, der redet, das bist du.
Und ein anderer bist du, einer, der hört.
Und beide bist du, Alleiniger Gott.
Bei dir, der du sprichst, ist demnach einer, der hört, und niemand ist das, außer du selbst.
Das höre ich in der regulären Meditation.
Wie sagt sich das in mich hinein? Wie hört sich das an, und was sage ich mir?
So könnte es sein: Das Wort, das du hervorrufst, aus dir herausrufst, ist ja doch göttlich, nein, mehr, so ganz du selbst, ist so ganz reine Göttlichkeit aus dir, daß du nicht aufhören kannst, es zu hören und aufzunehmen, sobald du es ausgesprochen hast. In dich aufzunehmen, wohin es gehört. Und so nimmst du dich hörend

voll Entzücken über dein Gottsein während des Sprechens gleich wieder herein in dich.
Dein eigener Ausgang im Wort ist immer zugleich auch dein eigener Eingang im Hören des Wortes. Aber es ist dir so lieb, es zu hören, daß du es bei dir läßt, vor dir, zum eigenen Dasein neben dir. Immer anschauen willst du es, du selbst läßt dich zum eigenen entzückten Anschauen immer dasein neben dir, so wunderbar bist du dir selbst im Wort ausgedrückt. Das willst du mit deinem ganzen Gottsein immer neu lesen und daher immer neu ansehn, nicht nur hören allein, denn du schaust, was du hörst, und so vollendet erfährst du dich in deinem Wort aus dir zu dir.
So hört man dich, so hört dich der, den die Regel meditieren lehrt.
Und hört er anderntags in der Vigil oder Messe:

Und das Wort war bei Gott ...
Joh 1, 1

so weiß er das schon. Und wird dann ein Kommentar vorgelesen zu diesem Wort aus dem Anfang, der das Ganze erklärt, etwa von Augustinus oder Origenes, dann muß er ertragen, daß man Feuerbrände hineinwirft in seine dunkle kleine Hütte, worinnen die Seele, oder was

immer das sein könnte, sein Innerstes, Eigenstes, vor diesem Geheimnis voll Scheu und gedankenlos sitzt. So hell, überhell, viel zu überbelichtet wird es dann, daß sie die Augen schließt und wartet, bis der Kommentar zu Ende ist. Und ist der letzte Funke dann ausgeknistert aus den Feuergarben der Kirchenväter, ist das dunkle, sanfte scheue Dunkel wieder da, dann ist es wieder gut. Ist die Lesung zu Ende, kann man wieder hören.

«Und das Wort war bei Gott» – gewiß, wo es doch du ist. Weil es du ist, bleibt es bei dir, denn es ist Gott. Wo soll es also sein, außer bei dir? Immer gesprochen von dir, immer gehört von dir, macht es dich zum Kreislauf. Zum Kreislauf der Freude, und der ist das Dritte. Der ist euer Leben, euer kreislaufendes, das ist auch einer, denn das ist Gott, das bist du. Aus dir und aus dem WORT. Leben des WORTES? Was hält das WORT denn am Leben? Die Stimme, denke ich. Sie ist das Dritte aus dem Ersten und dem Zweiten, die Stimme, die den Schall erzeugt, von dem das WORT lebt.

Darum das Schweigen, ja, darum das Schweigen der Regel. Sie weiß wohl, daß es diese Stimme gibt, diese Freude, dieses Dritte in Gott, sie hat es immer gewußt, spricht aber nicht davon. Sie weiß, wer schweigt und einfältig meditiert, mit

einem armen, reuigen Herzen, der lernt dieses Dritte kennen.
Die Stimme. Sie ist das Dritte, mit euch, Gott. Denn also übereinstimmend sind Sprecher und Wort, so sehr strömen sie Einstimmigkeit aus zwischen beiden, daß dieser Kreislauf der Einheit zum Freudenhall wird, zum Jauchzen, zum Jubelruf vom einen zum andern in dir.
Und dieser Jubel von beiden her zu beiden hin, als Stimme und Schall von Sprecher und Wort, diese Herrlichkeit ist das, was sie sind, das Ganze, alles ist ja doch nur einer, du Gott.
Und dennoch ist Stimme nie Sprecher, nie Wort, ist etwas, ist einer in sich und für sich. Für sich und für mich ...
Mein Gott, es gibt ja noch ein Viertes bei dir: der Mensch und die Welt.

VOM EINZELNEN UND VON DER GEMEINSCHAFT

Der Mensch ist geworden
wie unser einer.
Gen 3, 22

Die Regel regelt alles, was zu regeln ist in einem so großen Haus mit Himmel und Erde und all dem, was sich daraus für uns ergibt. Diese Regelung macht mich atemlos. Ich finde kaum eine Lücke im strengen Bau ihrer Ordnung, kaum je eine Lücke zum Durchschlüpfen im Stundenrhythmus ihres Tages. Kaum soviel freien Platz, um mit geschlossenen Augen hinzustehen und mich zu fragen: Was ist denn los?
Ich meine, mit dem Leben, mit mir und dem Ganzen, was immer zusammengehört, aber noch dauernd zusammenkommen muß. Die Regel weiß natürlich, daß man atmen muß, und gibt neben der privaten Betrachtung auch der Pause, der Freizeit ihren Platz. Aber sie hat eine ganz bestimmte Absicht mit ihrer alles umgreifenden Regelung, eine Absicht, die ich, der Anfänger, erst langsam erkenne: Sie objektiviert unser

Sein und Dasein durch alle Bezirke hindurch: durch die Liturgie, die gemeinsame Arbeit, das gemeinsame Mahl, den gemeinsamen Besitz, die gemeinsame Armut, durch das Gemeinschaftsleben. Aber auch durch die Schrift, durch ihre Lehre, durch die Oberen, die Rangordnung der Mönche, durch alles, was man die «Observanz» nennt, die sie begründet.

Objektivieren heißt: Befasse dich nicht mit dir selbst!

Warum denn nicht, Rufer?

Womit soll ich mich dann befassen? Was heißt befassen? Ich bin doch erfaßt von dir, mein Anfang aus dem Ursprung, schon so lange, schon ehe ich war ...

Mich nicht damit befassen, das kann man nicht einmal meiner Leiche einst zumuten, die ist dann auch darin in dem, was jetzt durch dich geschieht.

Und abgesehen von mir, bist du denn nicht dazu zur Welt gekommen und immer zur Welt kommend seither, damit man sich mit dir befaßt? Bist du nicht im Diesseits jetzt in einer Weise anwesend, daß dieses sich immer selbst weggenommen wird und das auch spürt?

Ich bitte dich, wo im Kosmos gibt es eine Fußbreite Platz, wo man Ruhe hat vor dir? Einen Quadratmeter Erde, der nicht vibriert, nicht heimlich glüht, der sich nicht heimlich in Bewegung setzt und verändert durch dich, Gott.

Ich bin das Leben.
Joh 11, 25

Ich will gerne aufhören, mich zu befassen mit mir, aber in mir willst du von mir erfaßt sein. Soll ich mich also nicht mehr mit mir befassen, um dich zu erfassen, nicht mehr mit dir in mir? Willst du das? Aber wozu kannst du das wollen? Du kannst es nicht wollen, und ich kann es nicht lassen, und so geht es eben weiter wie bisher, weiß Gott, wie weit. Wie weit es mit dir geht in mir, das weißt du, mein Gott, du allein. Die Regel hat nichts dagegen. Es gibt immer den subjektiven Punkt in ihrer Objektivität, immer den Einzelnen in der Gemeinschaft, immer den Teil im Ganzen. Darum regelt sie ja doch alles so behutsam und klug. Sonst könnte sie, Punkt und Schluß, alle Individualität auswischen mit hieb- und stichfesten, alles kollektivierenden Normen. So simpel ist sie nicht, so simpel ist das Gemeinschaftsleben nicht, seit Gott Du sagt zu jedem von uns. Seit seinem Anruf im Innern jedes Einzelnen, seit er gekommen ist mit seinem Jenseits. Jenseits gibt es immer das Eine in Drein, und das ist das Modell seither für alles

Zusammenleben auf Erden, denn das hat der Herrliche mitgebracht. Seither gibt es Augenblicke, wo es nichts gibt auf Erden außer Gott und mir. Nichts sonst. Seit dem Kreislauf in Gott, der du bist, Gott, der du bist für den Menschen! Für jeden Menschen als Menschen, nicht nur für den Menschen innerhalb einer Gesamtheit. Auch für die Gesamtheit, gewiß, aber zuerst für den einzelnen Menschen. Für den, der einmal als einer gezeugt wurde, für den, der einst als dieser eine vor deinem Angesicht stehen wird bei deinem letzten Anruf «Wo bist du?». Der steht dann je einzig vor dir und sagt: «Hier bin ich.»

Die Erklärung dafür muß vom Kreislauf des Jubels in dir ausgehen, weil doch der Mensch hereingeholt ist als das Vierte in deine Drei-Einigkeit.

Man muß das in sich, vor sich stehen sehen. Der Kreislauf ist Gott, eine Person für sich. Eine «Person»!

Aber nicht für sich, immer nur für . . . und für . . . ich meine, immer nur für jemanden, also eine Person für und für.

Das heißt nicht nur aus, sondern immer auch zu Gott, aber nicht nur.

Eine «Person».

Auch für mich, für diesen Menschen Ich. Das

ist dieser Kreislauf, diese Herrlichkeit, diese Freude, auch für den Menschen, den je eigenen, für jeden.

Denn der ist jetzt darin im Kreisum-Gott.

Das ist eine lange Geschichte, sie begann mit den lügenden Engeln.

Für mich hat sie ihr einstweiliges Ende damit gefunden, daß ich das Leben der Regel des heiligen Benedikt in der Gemeinschaft mit meinen Schwestern zu leben begonnen habe und es mit ihnen zusammen lebe, von Augenblick zu Augenblick auf das Ende der großen Heilsgeschichte der Menschheit hin, in das jeder gerufen ist.

Seit wann aber ist der Mensch das «Vierte» in Gott? Kann es das Vierte geben in der dreieinigen Herrlichkeit?

Ist der Kreislauf nicht ein Geschehen im rein Innern des Sprechers, des Vaters, der spricht und hört, dieses Einen, der zu zweit ist im Dritten? Was soll da ein Viertes darin? Kein Mensch hat da Zugang, da geht nichts auf, nichts zu, Gott ist die ganze Gegend, und außer ihr gibt es keine andere.

Man kann nicht aufhören, hier kann man nicht aufhören, man kann nicht aufstehen und hinuntergehen in die Webstube oder in die Küche oder in die Sakristei, um etwas Nützliches zu

tun für die Gemeinschaft, etwas Sinnvolles – außer die Zeit der Betrachtung ist vorüber. In diesem Fall muß man dann allerdings als der Vierte in der allheiligen Dreiheit sogleich in der Arbeitsschürze der zugeteilten Beschäftigung nachgehen, denn das ist dann die ganze Antwort auf diese Frage. Vielleicht ist das dann Zeichen dafür, daß der Mensch, der gehorsame, darin ist in der Gegend «Gott». Weil er liebt.
Der ist dann aber auch eine Person. Im Kreislauf wird der Mensch zur Person, zur je einzigen, durch das Darinsein im Ganzen. Der Vierte in Gott ist immer die menschliche Person, die der Schöpfer ursprünglich im Blick hatte, als er sprach:

Laßt uns den Menschen machen
zu unserm Bild
und Gleichnis.
Gen 1, 26

Das sprachen die Drei zu sich selbst, und da war das Vierte, der Vierte schon eingeplant, schon geschaffen und hereingeholt ins Ganze, der Mensch als Person.
Ich glaube, er blieb der Vierte, auch als er herausfiel, beim Sturz der lügenden Engel mit hinausstürzte und dabei sein Wesen verlor und

damit die Sprache zu Babel und damit die Einheit, den Zusammenhang. Damit war er nur noch ein Splitter einer zerschellten einmaligen Größe. Ein Splitterhaufen die ganze Menschheit! Die Geschichte hat immer versucht, sie zusammenzuschaufeln, um ein Bild, ein Puzzlebild daraus zu machen, aber außerhalb des Kreislaufs der Herrlichkeit gibt es ja doch nie und niemals Einheit und Bild, keine Wahrheit.

Jetzt ist aber doch der rufende Anfang wieder da! Der Weg in den Ursprung zurück ist offen, denn der Ruf, der Rufer, kam zu uns in die Welt, der Weg.

Er ruft mich zu sich und so zu mir selbst, zum Bild, das Gott sich von mir gemacht hat. Jetzt beginnt die Gemeinschaft: das Ich im Du zum Du des Kreislaufs der Drei eingegangen, untergegangen, mit allen anderen zusammen.

Und wenn die Regel im zweiundsiebzigsten Kapitel «Vom guten Eifer, den die Mönche haben sollen» laut ausruft:

> Wie es einen bitteren Eifer gibt,
> der von Gott trennt und zur Hölle führt,
> so gibt es auch einen guten Eifer,
> der von der Sünde trennt
> und zum ewigen Leben führt.
> Dies ist der Eifer, den die Mönche

in glühender Liebe betätigen sollen,
sie sollen einander in gegenseitiger
Achtung übertreffen ...
Sie sollen sich in gegenseitigem Gehorsam
zu überbieten suchen.
Keiner soll den eigenen Vorteil suchen,
sondern mehr den des andern.
Sie sollen einander selbstlos
die brüderliche Liebe erweisen ...
R 72, 1–4/6–8

... dann zeichnet sie uns das Diagramm des Kommenden, des Lebens in der dreieinigen Gemeinschaft «Gott».
Wenn das so ist, dann muß die Gemeinschaft der Benediktsregel, das Zönobium, nochmals überdacht werden.
Nicht nur zu sich ruft mich mein Rufer, nicht nur zu mir selbst in sich, in eine Gemeinschaft von Auch-Gerufenen ruft er mich.

VOM WACHEN

Sein nächtliches Wachen
gilt der Vollendung des Werkes.
Sir 38, 28

Ich weiß, daß du ein Mensch bist, Rufer, das weiß ich jetzt. Wer dich hört, weiß das, WORT: ein Mensch, der Gott ist. Dieser Mensch ist jetzt die Gegend «Gott» für den Menschen, damit er eintrete und darin bleibe.
Du bist also das Land, das berühmte Land. Das versprochene, das erhoffte, erreichte, erhaltene, wieder verlorene und neu geschenkte und empfangene, wieder neu verheißene Land, auf das wir immer zugehen, während wir schon darin wohnen. Das Land, in dem wir immer noch nicht angekommen sind und von dem wir wissen, daß es immer noch kommt.

Bleibt hier und wachet.
Mt 26, 38

Hier – das heißt: da, wo du bist. Mit dir zusam-

men, im Jetzt. Mit dir zusammen wachen auf deine Ankunft, die kommt.
Hören ist Wachen. Hören ist mit offenen Augen in deiner Gegenwart dein Kommen erwarten. Wir müssen hören, bis du kommst. Wenn du kommst, Rufer, werde ich dich er-hört haben. Du wirst mich mitten in meiner Erwartung antreffen. Als Horchende auf dich wirst du mich finden und mein Warten erhören mit dir. Das ist gut. Ja, ich suche dich, und du findest mich. Je mehr ich dich suche, desto mehr findest du mich.
Ich muß wachen. Anders geht es nicht. Das Leben in der Klausur ist eine bewußte Nachtwache. Daß ich das weiß, erleuchtet sie. Es leuchtet mir ein, es ist ein Licht, und dieses Licht ist da,

damit ich es auf den Scheffel stelle,
nicht unter die Bettstatt.
Mk 4, 21

Auf den Scheffel meines Bewußtseins.
Damit wird nicht nur mein Herz weit, so daß es

den Weg der Gebote läuft
in der unaussprechlichen Lust der Liebe.
Prolog, 49

Auch mein Bewußtsein wird erweitert durch dieses einleuchtende Licht. Es wird ihm bewußt, daß es schläft.
Die Regel selbst ist nichts als ein Wacheraum, worin

die ganze Nacht
ein Licht brennt,
bis zum Morgen.
R 22, 4

Der Morgen ist der Herr, der kommt. Er ist auch das Licht, das bis zum Morgen brennt, die ganze Nacht. Auch in der Regel.
Ihre Nüchternheit und ihre Wachheit stehn wie die Lampengläser um dieses Licht. Wie hell leuchtet es in ihr. In dieser Helle wird soviel Schatten, soviel Bedrohung, soviel Gefahr erkannt, soviel Schönheit und Größe und Verheißung der Wahrheit auch, daß man die lange Weile der Langeweile des Dahindösens zwischen Halbschlaf und Wunschträumen, das man Leben nennt, verliert, aufsteht und sieht, was wirklich ist.
Wer in die Wahrheit sieht, wer ihn sieht, der das Licht und die Wahrheit ist, der kann sich nicht mehr

draußen hinsetzen
und die Zeit verplaudern.
R 43, 8

Er weiß, dieses verplauderte «Draußen» ist der Zustand, wo man nicht mehr hören mag. Dann schläft man ein. So einer verläßt dann sehr bald den Wacheraum der Regel und meist auch bald das Kloster.

VON DER ANFECHTUNG

Der Feind trachtet mir
nach dem Leben.
Ps 143, 3

Es gibt den Feind – suchend, wen er verschlinge.
Er redet auch. Er redet offen ins Gesicht oder durch die Blume.
«Ist das aber auch wahr?» fragt er. Genau wie damals. Die Genesis ist ja jetzt.

Hat Gott wirklich gesagt,
ihr dürft nicht von allen Bäumen
des Gartens essen?
Gen 3, 1

Nein, wirklich, das hat Gott gar nicht gesagt. Die Frage war schon eine Lüge.
Der Feind will nicht, daß wir im Zelt wohnen, im Zelt des Königs. Weil er heraus mußte für immer. Der Neid ist seine Teufelei, der Neid und die Lüge. Die Regel kennt ihn. Sie

stammt aus der Zeit der gewaltigen Teufelskämpfe der ersten Mönche. Benedikt selbst hat ihn in allen Rollen erlebt. Er selbst antwortet auf die Frage des Neulings:

> Herr, wer darf Gast sein in deinem Zelt,
> wer darf weilen auf deinem heiligen Berg?
> Brüder, hören wir auf diese Frage
> die Antwort des Herrn;
> der zeigt uns den Weg zu seinem Zelt
> und sagt:
> Wer den bösen Teufel,
> der ihm etwas einflüstert,
> samt seiner Einflüsterung aus seinem
> Herzen vertreibt,
> ihn zunichte macht,
> seine Gedankenbrut packt
> und an Christus zerschmettert...
> Prolog, 23–28

Die Regel rechnet mit dem Feind. Wo der Ruf aus dem Anfang schwebt, kriecht auch die Schlange.

Jede von uns weiß das.

Es gibt die klaren Erfahrungen der Gefahr: die Müdigkeit und der Stolz. Besonders geeigneter Boden für eingeimpfte Zweifel.

Wenn alles nicht wahr wäre?

Was wäre dann wahr?
Was tu ich im Fall, daß es nicht wahr wäre? Wenn es nicht wahr wäre, daß ich höre, daß es mich ruft, nicht wahr wäre, was ich höre? Was tu ich in diesem Fall mit mir?
Angenommen, überlege ich, es gibt den Ruf nicht. Es gäbe die Wahrheit nicht, überhaupt nicht, Wahrheit wäre nichts, ein Nonsens. Dann gibt es auch keine Lüge auf Erden, in diesem Fall.
Eigenartig, keine Lüge. Wäre dann alles wahr? Ich könnte stehen, wo ich wollte, rechts oder links, beides wäre gleich gültig und gleich falsch.
Zu hören gäbe es dann nichts mehr, das ist sicher. Dann redete alles aus seiner Sinnlosigkeit durcheinander, redete aus keinem Anfang heraus, redete auf kein Ende hin, nur auf einen endlosen Schluß, auf nichts hin. Der rollte dann auf jeden von uns heran, über jeden weg, auf den nächsten im Weg.
Und alles, was man liebte, zum Beispiel, hätte schon das Vorbei im Gesicht. Was ließe sich unter solchen Voraussetzungen noch lieben, ehrlich lieben? Schön ist ein solches Gesicht jedenfalls nicht, wer könnte es lieben?
Es gibt den Zweifel. Den Zweifel am Ganzen. Den Zweifel mitten und hinter der geistlichen

Erfahrung, mitten und hinter der Erfahrung des regulären Sinns unseres Lebens.
Es gibt den stehenden Schatten an der Zellenwand, die trostlose, schlaflose Pein der Nacht am hellen Tag. Den Zweifel, den Schatten, die Nacht und die Furcht: Früchte vom Genesisbaum der Erkenntnis von Gut und Böse.
Es gibt die Angst vor dem Nichts mitten im regulären Leben, den Zweifel, wie eingeimpft, nicht anders auszutreiben als «durch Fasten und Beten».
Es gibt das Stehen im Nichts, während man in der Lesung sitzt, in der Liturgie, in der anbetenden Schweigsamkeit, im Chorgesang mitgeht und mittut, im Stundenwechsel von morgens fünf bis neun Uhr nachts.
Es gibt in unserem guten Leben den bösen Feind, mit Todesgeruch um sich her, der Lähmungen bewirkt und unendliche Traurigkeit. Müdigkeit und Stolz erfahren ihn zuerst. Die Regel warnt uns vor beiden. Vor dem Stolz, ein ganzes Kapitel lang. Aber sie weiß auch, wie gefährlich zweifelanfällig man ist, wenn man müde ist, sie hat ein ganzes Register dagegen im Einsatz:

> Immer wisse der Abt zu unterscheiden
> und Maß zu halten,

eingedenk der weisen Mäßigung des
heiligen Jakob, der sagte:
«Wenn ich meine Herden auf dem Marsch
überanstrenge,
gehen sie alle an einem einzigen Tag
zugrunde.»
R 64, 17–18

In der Überforderung lauert das Nein, und im Nein lauert das Bodenlose, und im Bodenlosen das Davonlaufen, eine Form des permanenten Ertrinkens.

Niemals hat es eine Regel gegeben, die sich diesem Nein aus der Überforderung der Mönche so mutig entgegenstellt und so sehr jeder Bodenlosigkeit, jedem Übermaß wehrt. Ihre ganze feine, große Besorgnis und Güte um den schwachen Menschen ist ihr Nein gegen das Nein, das seit dem Paradies auf der Lauer liegt unter dem Baum des Hochmuts und seiner süßen Äpfel, gegen den Schrei Luzifers ins Antlitz der Herrlichkeit: «Ich will nicht dienen!»

Durch die ganze hellklingende Regel tönt ein Ja. Das Ja aus dem Garten Getsemani:

Nicht was ich will,
sondern was du willst.
Lk 22, 42

Das ist das Ja, das das Nein verschlang, auch den Zweifel. Es starb an dessen Gift, doch dann barst das Grab an diesem umgebrachten Ja auseinander.
Dieses Ja stand am Anfang, dieses Ja steht am Ende, und dieses Ja ist die Mitte der Weltgeschichte und der Regel. Dieses Ja lebt als Sieg über den Feind im Leben des Mönchs, ohne allen Zweifel.
Ich halte mich daran.

VON DER UMKEHR UND BUSSE

Wenn du zurückkehren willst, Israel,
spricht Jahwe, darfst du zu mir zurück.
Jer 4, 1

Bei der Profeß taucht man unter. Man liegt wohl auf dem Gesicht auf dem Teppich am Boden im Chor neben der brennenden Kerze, aber man ist untergetaucht. Die Wasser schlagen noch eine Weile zusammen, hin und her, über der Stelle, wo man lag. Dann ist es still. Man ist soeben gestorben.
Es gibt Klöster, wo ein Totentuch über die «Leiche» gezogen wird, und vom Turm läutet die Glocke zum «Heimgang».
Das ist ein Bild. Aber das Untertauchen geschieht wirklich. Wer von der Profeß zurückkommt, ist mit einem seltsamen, unsichtbar wirklichen Tod behaftet. Darum tragen wir ja doch den schwarzen Habit und den schwarzen Schleier. Darum das Schweigen, die Klausur, die Isolierung von der Welt draußen in allen der Regel gemäßen Formen, man ist bei der Profeß

sozusagen in den Jordan gestiegen und wie in einer Taufe darin untergetaucht.

Mit diesem heimlichen Tod geht man nun treppauf und treppab. Man geht damit ins Refektorium, setzt sich damit zu Tisch, ißt seinen Reis, seinen Salat, seinen Fisch. Man arbeitet mit ihm, in ihm, tagaus, tagein in der Küche, im Garten, am Webstuhl, betet und studiert und meditiert, plaudert und lacht beim Vesperkaffee, man singt und musiziert immer mit diesem verborgenen Gestorbensein im Herzen und im Geist. Ich weiß nicht, wo es sich befindet und wie weit das geht, das ist wohl von Fall zu Fall, ich meine, von Mönch zu Mönch, von Nonne zu Nonne verschieden.

Aber wer in die Mönchsweihe untergetaucht ist, über dem hat sich nicht nur das Jordanwasser geschlossen, über dem hat sich auch der Himmel geöffnet. Und der hat jetzt auch das Andere, auch das Leben hat er nun.

Im Grunde müßte man bei der Profeß dann gleich aufstehen, auftauchen aus dem Jordan, die Sterbekerze neben sich ausblasen und das Alleluja singen, lebenslänglich, ohne aufzuhören. Aber die Sterbekerze der Profeß verwandelt sich von selbst in die Osterkerze, man braucht sie nicht auszublasen. In der Liturgie sind ja alle Dinge so vieldeutig, Tod und Leben ist da im selben Atemzug beisammen. Sie vertauschen sich sozusagen, sind zusammen erfahrbar, man ist also bei diesem monastischen Untertauchen in der Profeß tot und lebendig geworden zugleich. Mein Ruf hat mich in den Jordan hineingezogen. Heute, nach langen Jahren dieses sonderbaren toten Lebens unter dem Schleier, verstehe ich auch, was er mir über die Wasser, aus ihrem Geheimnis, zuruft: «Umkehren!»

Das Wort des Täufers ist es, was man hört, wovon alles erfüllt ist zwischen Himmel und Erde. Man könnte meinen, da gebe es nur diesen Ruf.

«Umkehren!»

Also nicht weiter, nicht gradaus weiter.

«Umkehren!»

Die Regel widerhallt von diesem Ruf, dem Ruf des Rufers aus dem Urgrund, aus dem wir sind. Was immer sie sagt, im Grunde sagt sie:

«Umkehren.»

Das ist ihre Grund-Chiffre, ihr ganzer Code. Alle ihre Bestimmungen haben keinen andern Sinn und wollen nichts weiter.

Wer sich also einläßt mit ihr, sich ihr zuwendet, auf sie eingeht, den dreht sie um, der gerät in ihre Drehung. Sie dreht ihn leicht und kräftig um, immer um, da, wo er steht, so, wie er ist, nie läßt sie ihn gehen, Gesicht voran, wie er zu gehen gewohnt ist.

Die Regel, die so da steht, unveränderlich, wie eingewurzelt, unbewegt, weise und uralt, ist eine Drehscheibe.
Das habe ich nun heraus, darüber bin ich mir klar, jetzt. Sie ist eine Drehscheibe, die mich umdreht, von sich weg auf das Antlitz meines Rufers zu: Kehrtwende um hundertachtzig Grad, und man steht vor ihm, vor dem Gesicht Gottes, Richtung Urgrund, Richtung Himmelreich und schon von ihm erfaßt.

Wende dich ab vom Bösen
und tue das Gute;
suche den Frieden,
und jage ihm nach.
Prolog, 17 *(Ps 34, 15)*

Das ist die Drehung: ablassen von der bösen Selbstverzauberung, sich umwenden zum Andern, zum Ganzandern, dem Guten zu.
Das ist die Umkehr, die Drehung in die Wahrheit, die nie bei mir liegt: auf sie zugehen, immer neu, auch bei dauerndem Rückschritt Richtung Gesicht Gottes, Richtung Urgrund sehen. Wohin anders konnte mein Ruf mich rufen? «Kehr um, komm in den Anfang zurück!» Das war es schon immer, von Anfang an, ich hörte nie etwas anderes aus deinem Mund, seit

ich dich kenne, vom Hören kenne, Rufer! Aber wer kann sich da hineinbegeben, wer wagt das?
Wir sind doch hineingestorben, ich meine, hineingeboren in der Mönchsweihe, der Profeß, in diese Drehung, die Himmel und Erde erfaßt hat, die auch die Regel auflädt mit ihrem Stromkreis des Lebens. Wir müssen es nicht mehr selber tun, als täten wir es, wir können es an uns tun lassen, es tut sich an uns, wenn wir uns hineinbegeben, es dreht uns in die Umkehr.

Tut ihr das,
so werden meine Augen auf euch schauen,
und mein Ohr wird euren Bitten
geöffnet sein.
Und noch ehe ihr mich anruft,
werde ich sagen:
«Siehe, hier bin ich.»
Prolog, 18

Das bedeutet: Laßt ihr euch mir zudrehen, dann werdet ihr vor mir sein. Dann werde ich vor euch stehn, und das Himmelreich ist über euch hereingebrochen.
Dann sehen wir ein, was der tut, der uns zu sich ruft: Er kehrt sich immer um, er wendet sich uns zu. Seine Wendung wendet uns, durch sie

wendet sich der Himmel der Erde, die Erde dem Himmel zu.
Dann verstehen wir Jesu Ruf durch das ganze Land:

Die Zeit ist erfüllt,
tut Buße,
das Himmelreich ist nahe.
Mt 4, 17

Umkehr heißt Buße tun. Der Mönch ist Büßer, denn er steht in der Umkehr Gottes, die ihn zu Gott kehrt.
Das ist hart. Die Härte der monastischen Umkehr liegt in der Unentrinnbarkeit. Es gibt keinen Ort, keine Zeit, keine Gelegenheit, da ich für immer fertig umgekehrt bin. Nie hat mein Herz vergessen, wie es bei mir selbst aussieht und zugeht, wie wohlig und angenehm es sich bei mir selbst leben läßt, wie natürlich, arteigen und wesensgemäß. Das ist nie vergessen, nie abgestreift, nie hinter mir gelassen.
Das macht die Buße hart, daß ich meiner Umkehr Feind bin. Aber mein Rufer, du selbst drehst mich auf der Regel-Drehscheibe zu dir um. Darin kehrt mich deine Umkehrung von Sünde in Gnade, vom Tod ins Leben, zu dir hin um. Still, unmerklich, behutsam in göttlicher, lebenslänglich mir zugewandter Geduld

rufst du mich, drehst du mich, kehrst du mich dir zu.

Weißt du nicht,
daß Gottes Geduld
dich zur Buße ruft?
Prolog, 37

In seiner Güte sagt der Herr:

Ich will nicht den Tod des Sünders,
sondern daß er umkehre und lebe.
Prolog, 38

Den Tod willst du nicht. Was du nicht willst, geschieht nicht. Dein Wille verhindert, daß ich sterbe, du drehst meinen Tod ins Leben, in deine Auferstehung, Herr. Das wendet mich, das ist die Wende, die Umkehr, die alles wendet. Aus dieser Wende gibt es kein Entrinnen mehr, man entrinnt immer nur in sie hinein.

Von vorne und von hinten
hältst du mich umschlossen.
Wohin könnte ich fliehen,
vor deinem Angesicht?
Ps 139, 5/7

Meine ganze Umkehr ist deine Barmherzigkeit.

VOM KREUZ DER REGEL

Wo bleibt denn das Wort
des Herrn?
Jer 17, 15

Die Regel lebt nicht aus sich. Sie lebt aus dem Ruf. Der Ruf ist ihr Leben, die Wasserquelle in ihrem Grund.
Ich sage zur Regel: «Gib mir zu trinken.»
Da deutet sie auf alle ihre steinernen Wasserkrüge, ihre Kapitel in Reih und Glied, und es kommt die Zeit, da trinkt man Wein aus ihnen.
Der Ruf verwandelt das Wasser der Regel in Wein.
Es gibt aber auch die andere Zeit. Da sieht man die Regel wie eine alte, kleine graue Frau dastehen, in Glaubenskraft und Treue, aber ohne jede Verheißung.
Nur mit den Augen des Gesetzes in ihrem Gesicht.
Stehe auch ich einmal in diesem gesichtslosen Gesetz? Ohne dich, Ruf meines Rufers, ganz allein? Ohne dich, Rufer meines Rufes, ohne

Anfang und Ende, ohne Mitte und Sinn, verheißungslos, abgetreten, verkauft, verdingt an die Gottverlassenheit? Ein Bündel, gefunden auf der Schwelle der Regel, hingelegt, damit ich am Leben bleibe und nicht zugrunde gehe. Hast du die Regel ins Leben gerufen, um mich von dir wegzuweisen wie jenen Gerufenen unter deinem Kreuz, der hören mußte: «Sieh da, deine Mutter»?

Nicht nur deine Mutter hast du damals an einen unendlich geringern Ersatz verwiesen, auch ihm, deinem Jünger, nahmst du das eine Notwendige weg und gabst ihm einen endlichen Teil gegen das unendliche Ganze.

Ich werde, wenn diese Zeit kommt, auf dieselbe schreckliche Art fühlen: Regel statt Ruf.

Nurmehr Worte vernehmen dann, statt das Wort, nur mehr Worte, von Hand angetriebene, in mein Hirn getriebene Menschenworte, ohne die Öffnung ins raumlose Geheimnis des zeitlosen Ursprungs.

Mein Gott, dann erbarme dich meiner! Praktische Anweisungen dann, Dinge und Verhältnisse regelnde Anordnungen, ohne Ergriffenheit, ohne aus den Fußangeln des Instinkts und der Materie in die Schwebe gehoben zu werden, ins heilige Spiel, ins Hängespiel des Krans über die Lagerhäuser und Schuppen des Alltagskrams hin, ich meine das Hinaufgehobenwerden durch Arme, die wirklich und erfahrbar tragen. Observanz ohne die Schwungkraft der wortlosen Begeisterung, ohne Durchsicht in die Freiheit des Angekommenen. Strafbestimmungen, der Ordnung des Ganzen zuliebe:

Damit nicht ein räudiges Schaf
die ganze Herde anstecke.
R 28, 20

Auch für mich gültig, aufgestellt für jeden. Isolierung dann als Sühne, Entzug vom gemeinsamen Gebet und Mahl, statt des täglich neu österlichen Erweckens zu dir, Rufer, und zur schwesterlichen Gemeinschaft . . .
So wird dann alles ausgetauscht sein. Esau wird gelten statt Jakob, Lea statt Rachel, Ägypten statt Kanaan.
Was werde ich tun?
Dich werde ich nicht fragen können, Rufer, denn dann wirst du schweigen auf jede Frage, dann bin ich wie Saul, der aufschrie bei der Hexe zu En-Dor:

Gott hat sich von mir abgewandt,
er antwortet mir nicht mehr . . .
1 Sam 28, 15

Dann wirst du sagen: «Geh zur Regel!»
Aber ich werde klug sein. Ich werde dich fangen durch eben die Regel, durch die du mich prüfst, durch das Kreuz meiner Regel. Ich werde sie gehorsam auf meinen Rücken laden, mich durch sie selbst daran annageln lassen, kein Mensch wird das sehen, und dann?
Was wirst du dann tun, Rufer?
Habe ich nicht gesagt, ich würde dich fangen? Gekreuzigt durch dein Schweigen, am Kreuz der Regel hangen ohne Trost, ohne dich, Trost, was dann?
Dann bin ich dort, wo du bist.

Wo ich bin, da soll auch
mein Diener sein.
Joh 12, 26

Gut, mein geliebter urewiger Anfang, dann werde ich sein, wo du bist, denn dann werde ich mit dir in deinem gottlosen Schweigen hangen, an dem du starbst. Aber das wird dein Grab, unser Grab aufsprengen, Geliebter! Und dann? Dann werden die Krokusse blühen, und ich werde dich im Gärtner, in der Regel, erkennen: «Rabbuni!»
Du wirst dann zu mir sagen:

Halte mich nicht fest,
ich bin noch nicht
zu meinem Vater aufgefahren.
Joh 20, 17

Dann werde ich antworten:

Ich will dich halten,
dich nicht mehr loslassen,
bis ich dich
in die Kammer meiner Mutter
gebracht.
Hld 3, 4

Und dann wirst du mit mir und ich werde mit dir wohnen in den Kammern der Regel, auferstanden mit dir, ohne daß sie es merkt.

VOM RUF IN DER REGEL

Ich rufe dich bei deinem Namen.
Jes 43, 1

Nicht Ruf und Regel. Nicht Ruf oder Regel, auch nicht Ruf statt Regel. Aber Regel aus dem Ruf und Ruf aus der Regel, so liegt es, so höre ich es, so verhält es sich, das ist das Verhältnis in der Wahrheit, wie sie vom WORT gegeben ist. Regelrecht.

In der Meditation läßt sich das erkennen, da geht es immer um die Richtigkeit. Was richtig ist, beruhigt. Es ist zu Ende überlegt. Man kann es vergessen, weil es stimmt.

Aber du rufst weiter, dein Ruf ist keine gedachte Größe, die, wenn sie stimmt im Ganzen, wenn sie das Ganze zum Aufgehen brachte, erledigt ist. Das ist eben nicht so. Daher gibt es im Grund keine Möglichkeit, die Regel rein sachlich zu kommentieren. Wer den Ruf aus Gottes Mund hört, der steht im Spannungsbogen zwischen Kathode und Anode, im Funkensprühbogen

von Ruf und Regel. Was läßt sich da textgerecht kommentieren, wo es knistert unter dem Geist des lebendigen Gottes . . .
Es ist immer der eine, derselbe einmalige Ruf aus der Genesis durch die Regel hindurch an mich. Sie fängt ihn auf, leitet ihn auf hundert Kanäle über, in alle Bezirke des Mensch- und Mönchseins, und davon sprießen und grünen und blühen und reifen zu Früchten ihre Texte. Seit fünfzehnhundert Jahren.
Es ist immer derselbe uralte biblische Ruf aus der Offenbarung des Gottes Abrahams, Isaaks und Jakobs, an die Propheten, die Könige, die Apostel, die Mönche, die Christen, der Ruf an die Kirche also. Dieser Gott ruft so, daß es nie mehr aufhört zu tönen, Gottes Ruf ist einmalig, und er hört nie mehr auf, auch mich zu rufen. Sein Ruf umkreist mich, dringt in mich ein, geht mit mir, geht mir voraus, geht hinter mir her, geht rechts und links und rundum um mich.

Von vorne und von hinten
hältst du mich umschlossen.
Ps 139, 5

Aber die Regel weiß wohl: Wir sind aus vielen Teilen, aus tausenderlei sind wir gemacht, ein Gemisch von Grammen und Gliedern und Zellen und Eigenschaften, Anlagen und Fähigkeiten, Grenzen und Schranken und Behinderungen, wer kann das zählen. Ich bestehe aus einer Unzahl von Umständen, einer Anzahl von Jahren und bin durch eine Vielzahl von Faktoren bedingt.

Wie soll ich in dieser Verfassung dich, Rufer, dich, Ruf, empfangen? Durch Hören, gewiß, aber wie kann ich in diesen Umständen dich erhören, rein und ganz?

Ich habe die Regel als Antenne meines Rufs erfahren, als deinen Strom, dein Licht und deine Kraft dauernd neu speichernde Batterie.

Von mir aus – ohne sie – gäbe es wohl das Hören und Vernehmen des Wortes, aber dann immer nur das Anlassen des Menschen in seinem Getriebe durch seinen Ruf, nicht das Abstoßen, nie das Auffahren von der Erde in seiner alles packenden, hinwegreißenden, alles überrollenden Kraft. Da gäbe es nie den Aufflug und Absturz in dich hinein für immer.

Die Regel erweist sich als Antenne des Wortes, dadurch, daß sie Dienerin unseres Rufes ist: «Schule des Herrendienstes». Uns unsern Ruf hören lassen, das will sie, nicht ihn ersetzen, nicht ihn ergänzen oder gar überspielen.

Das ruft der Herr dem vielen Volke zu,
unter dem er seinen Arbeiter sucht...
Prolog, 14

Wer Ohren hat zu hören, der höre,
was der Geist der Kirche sagt.
Prolog, 11 *(Offb 2, 7)*

Du bist gerufen, komm zu mir, um deinen Ruf zu hören.
Ich höre ihn, er ruft mich zu sich her.
Was aber rufst du, Rufer, zu dir her, wenn du mich rufst? Mich selbst, gewiß, dieses Selbst, das ich bin, rufst du zu dir zurück. Im Hervorrufen schon riefst du es zu dir zurück. Und da du es rufend als ein Selbst außer dir im Dasein erhältst, schwebend durch deinen schwebenden Ruf, indem du über ihm schwebst, gleich dem Geist über den Urwassern, so rufst du das Ganze, mein Ganzes in all seinen Teilen, in seiner ganzen Teilhaftigkeit zurück in dich. Meine Teile, Selbstteile, all das Gestücke des Ganzen, aus dem ich bestehe. Jeden Bestandteil des Ich rufst du wieder zurück, schon im Hervorrufen aus dir, im Schöpfungsakt, begann das.
Das alles ruft mein Rufer zu sich zurück, wenn er mich ruft. Und jeder Teil meines Selbst hört sich rufen, wenn das Selbst sich rufen hört, und

daher kommt, daß alles an mir, in mir zurück will. Nicht als ein einziger kompakter Schub aus Menschenzellen und Energien geschieht dieses Zurückwollen. Jedes Vermögen will es von sich aus. Jedes Glied weiß sich einzeln zurückgerufen, so daß ich feststelle, daß mein Wille zurück will, auch wenn mein Verstand nicht zurück wollte und umgekehrt, falls es ihm möglich wäre, nicht zu wollen. Es ist ihm, dem Verstand, dem Willen je schon möglich, zu versuchen wenigstens, nicht zu wollen, und es gibt menschliche Willen und Verstande, die versuchen es, bis es am Schluß endgültig nicht mehr versuchbar ist. Mein Wille will aber zurück, mein Verstand will es auch, denn mein Herz will es vor jedem andern Vermögen, darum will es auch mein Fühlen, das Gemüt will es, alles zusammengenommen, meine ganze Seele und jeder meiner fünf Sinne.

Wie sehr will doch mein ganzer Leib zurück, mein Auge, mein Ohr, der Geruch, der Geschmack –, für anderes Brot, für andern Duft, für andere Schönheit und für eine andere Umarmung sind sie gemacht von Anfang an, als für die der Erde. Alles und jedes will von sich aus zurück, denn dein Ruf, Gott, füllt alle meine Zellen mit Sehnsucht nach dir. Die bringt jeden Teil, jedes Glied, jedes Vermögen zum Sehnen

nach dir, als trüge es allein die Sehnsucht des Ganzen in sich.
Was brauche ich das noch zu beschreiben? Man weiß ja, das Auge will den Ursprung und die wesenhafte Schönheit sehen, und das Auge ist meine ganze Person. Das Ohr will die Wahrheit, dich, Rufer, WORT, dich selbst hören, und auch das Ohr ist meine ganze Person. Mein Leib will umarmt sein von dir, Liebe, das hat er von Anfang in sich, dieses Verlangen nach Eingehen in den Ursprung. Denn wo die Zeugung aus dir ist, wird er zu deinem Du, durch deine Umarmung. Denn auch mein Leib ist meine ganze Person.
So ist denn, Rufer, alles in mir von sich weg in Spannung und Drang nach dem Übersich, woher es sich rufen hört, und wo es dich vermutet, Gott, rufender Rufer. Woher?
Nun, von oben. Was aber ist oben? Ist denn im Oben dein Haus?
Regel, sei still, einen Augenblick, laß mich das nochmals fassen und sehen:
Kreisum ist alles in dir, auch das Vierte, der Mensch, und das bin auch ich, alles ist durch das Dritte, den Geist, im Zweiten und im Ersten und somit darin.
Ich weiß aber doch, du bist nicht wohnend in einer Gegend, du selbst bist Gegend. Und die ist nicht oben, nicht unten, nicht drüben, nicht

da, die ist überall, ist dort und hier und da, wo ich nur hinsehen und hinhören und hinverlangen kann, innen und außen bist du.
Regel, was soll man da tun? Wo kann man da hingehen?
Soweit kommt man am Ende: Man steht mit dem ganzen Geheimnis der Wahrheit, ich möchte sagen, durchnäßt, ratlos und hilflos vor der Türe der Regel, ja man flieht schließlich wie von selbst in ihre wortkarge, nüchterne Klarheit und schließt sich ein in ihr Vorwort und ins siebente Kapitel und ins fünfte und sechste, in die Demut, ins Schweigen und Gehorchen, wie sie es lehrt und deutet.
Gehe ich hin und stelle ich mich ihrer Zucht, dann wird sie mein Zerfallensein auffangen, zusammenfügen, binden und einswerden lassen durch alle Kapitel. Vor allem durch das siebente, das der Demut und des Schweigens, das auch den Gehorsam verlangt, wo sich im Oben das Unten und im Unten das Oben befindet, die ganze sich in der Liebe Gottes drehende Kugel des Heils. Dann wird es möglich sein, Rufer, dann wirst du mich einmal in der innersten Mitte meines Zellkerns treffen. Dann wird dein Leben darin ein- und ausbrechen, das ewige, und meine Teilhaftigkeit wird dann für immer teilhaben an dir und eins sein mit dir, mein Gott.

VON DER ARMUT

Loskaufen kann sich keiner.
Ps 49, 8

Was ist mit dem Augenblick? Wem gehört er, Rufer?
Er gehört jemandem.
Ich sage, der Augenblick gehört mir, und wo immer ich stehe im geregelten Leben der Regel, immer gibt es diesen Augenblick.
Ich meine den Moment, wo es um nichts geht, wo man zum Beispiel warten muß. Das ist dann der Augenblick, der mir gehört. Und dir, Rufer! Wem von uns beiden gehört er?
Streiten wir nicht, er gehört dir und mir, das ist jetzt noch so in dieser Zeit der Augenblicke, da brauchen wir jetzt immer noch einen Augenblick Zeit, damit ich dir, damit du mir gehörst, einen blitzlangen Zeitraum, um einander zu gehören. Ist die Zeit einmal vorbei, dann brauchen wir dazu keine Augenblicke mehr, dann gibt es nur noch den einen ewigen Blick in unse-

ren Augen. Da du aber mir jetzt schon gehörst und ich dir jetzt schon gehöre, muß ich alle meine leerstehenden Augenblicke darauf verwenden, dir zu gehören, sie gehören ja dir – und mir.

Aber, mein Rufer, ich lasse dir unsern jeweiligen Augenblick zum voraus, weil ich dein Erstrecht darauf anerkenne, um von dir anerkannt zu sein, denn du hast mich zuerst gerufen.

Er hat uns zuerst geliebt.
1 Joh 4, 19

Jetzt liegt es bei mir. Ich kann dir den Augenblick verweigern, um ihn für mich zu behalten, das kann ich, du wolltest selbst, daß ich das kann. Dieses Können ist dein Geschenk an mich, ich weiß es. Freiheit nennt man es, ein furchtbares, ein gewaltiges Geschenk. Auch die Regel kann es mir nicht nehmen.

Du hast das Erstrecht auf mich und ich die Freiheit, jeden Augenblick.

Das heißt ganz einfach: Ich kann deinen Ruf überhören, über ihn hinweg etwas anderes in den Blick fassen, letztlich ist das andere immer Ich selbst. Das kann ich. Unter deinem Ruf durch, meine Augen, statt auf dich, auf mich richten. Ist das dann das Recht meiner Freiheit? Ist meine Freiheit dann noch frei? Sie ist frei, wenn sie aus allem Verhängtsein, aus dem Verhängnis meiner selbst, dir, Rufer, den Augenblick, der mir gehört, hinhält, um deinen Ruf, um dich, Rufer, dagegen einzutauschen. Damit beweist sie ihre Freiheit, sich selbst. So hast du sie gemeint, als du sie mir schenktest. Deinetwegen hast du sie mir geschenkt.

Ich sagte, du hast das Erstrecht auf mich, und seit ich das weiß, bin ich das Opfer meiner Freiheit geworden, die entscheiden kann, wie sie will. Es scheint, sie hat sich irgendwann endgültig dafür entschieden, nicht mehr zu entscheiden, sondern dir den jeweiligen Entscheid zu überlassen. Über mich zu entscheiden, liegt also bei dir.

Und so stehe ich nun in einer durch mich selbst verschuldeten Aussichtslosigkeit, die mir nur noch die Aussicht auf dich beläßt. Und ließest du mich gehen mit den Worten: «Geh hin in Frieden . . .», meine Freiheit drehte sich im selben Augenblick entschieden wieder dir zu und entschiede für immer, nie mehr zu entscheiden, um immer in deinem Entscheid zu sein und zu bleiben.

Das aber heißt:

Meister, ich will dir folgen,
wohin du gehst.
Mt 8, 19

Und wenn du dann sagst:

Verkaufe, was du hast,
gib es den Armen,
und dann komm und folge mir nach!
Mt 19, 21

dürfte ich dir als Regulare meiner Regel wahrheitsgetreu entgegnen:

Herr, das habe ich getan
von Kind auf.
Mk 10, 20

Das heißt: seit meiner neuen Geburt, seit ich in meiner Hütte unter deinem Ruf zu leben versuche, seit du mich der Regel als meinem Vormund übergeben hast. Denn pausenlos ist da der Verkauf meines Lebens im Gang.
Der Ausverkauf meines Lebens.
Stunde um Stunde, ja Viertelstunde um Viertelstunde, bis in die kleinsten Wartezeiten zwischen den Gebets- und Arbeitszeiten ist alles Ausverkauf an dich, Rufer, von Anfang an.

Seither. Und fernerhin.
Man wird ein ganz armer Mensch.
Denn es hat mir nichts eingebracht, meine Zeit, meinen Willen, meine Gedanken, meine Worte, meine Habe zu verkaufen, es ist gar kein ehrlicher Verkauf, das wäre ja doch ein Geschäft.
Die Regel bezahlt aber gar nichts.
Wir erhalten nur die Armut dafür. Die Armut des Herzens. Die aber ist unbezahlbar.

VOM GEMEINSAMEN LEBEN

Dann werden sie mein Volk sein.
Ez 11, 20

Die Regel kennt die Mönche. Sie ist über ihre verschiedenen Spielarten im Bild. Sie durchschaut sie und nennt ihre verstaubten Namen: Zönobiten, Anachoreten oder Eremiten, Sarabaiten, Gyrovagen.

Den Sarabaiten

fehlt die Schule der Erfahrung.
Sie haben sich nicht in der
Zucht einer Regel bewährt
wie das Gold im Feuerofen,
sondern sind weich wie Blei.
R 1, 6

Die Gyrovagen sind

immer unstet, nie beständig,

Sklaven ihrer Launen.
R 1, 11

Die einen wie die anderen läßt die Regel beiseite und geht daran,

der tüchtigsten Art, nämlich den
Zönobiten,
mit Gottes Hilfe
eine feste Ordnung zu geben.
R 1, 13

Für sie, die Zönobiten, wurde die Regel geschrieben. Für die Mönche, die «nicht in sich selbst, sondern in den Hürden des Herrn» eingeschlossen sind. Für die in urkirchlicher Gemeinschaft lebenden Jünger Jesu, die

im Kloster,
unter Regel und Abt,
Kriegsdienst leisten.
R 1, 2

Jeder Zönobit hört es bei seinem Eintritt:

An dich also wendet sich mein Wort,
sofern du dem eigenen Willen entsagst
und die starken, glänzenden Waffen

des Gehorsams ergreifst,
um Kriegsdienst zu leisten
für den Herrn Christus,
den wahren König.
Prolog, 3

In der Regel steht alles da, was den benediktinischen Mönch kennzeichnet. In ihre Lebensordnung ist er hineingerufen, damit er «Kirche» von vorne zu leben beginne, seit fünfzehnhundert Jahren immer von vorne, auf jedem geschichtlichen Neuansatz von vorne, im Lebensstil und Geist der ersten Christen.
Man denkt zunächst gar nicht an diese Authentizität, diese urkirchliche Identität unserer Regel. Man entdeckt sie, stellt sie beglückt fest, wenn man, durch sie geformt und geführt, persönlich in dieser Ursprungserfahrung der Kommunität anlangt.
In ihrer Definition der Kommunität, die sie ins Leben ruft, die sie entfaltet und gestaltet, zeichnet sie ihr Wesen und damit uns. Damit ist ihre Geschichte, ihre geschichtsbildende Geschichte gegeben, die Veränderung des Lebens ganzer Völker. Denn wo sie hinging, da geschah Kirche. Wo sie auftrat, begann ein neuer Geschichtsabschnitt. Denn sie brachte den Geist mit, der spricht:

Siehe, ich mache alles neu.
Offb 21, 5

So schwebte der Schöpfergeist über den Sümpfen und Mooren und legte sie trocken durch die Mönche der Benediktsregel, verwandelte Wälder und Wüsten zu Siedlungen, Siedlungen zu Städten, baute Universitäten, Bibliotheken, Kirchen, Klöster, Sternwarten und Schulen, Schulen, wohin man schaute, alles in der Missio der Regel, die ihre Mönche noch heute aussendet, zu gemeinsamem Leben in Armut, Einfalt und Solidarität der ersten Christen. Das ist der Ursprung, der immer neue. Das ist die Ursprünglichkeit der Regel aus dem Ursprungsgeist über den Wassern des Chaos.
Es kommt der Tag, wo mir mein Ruf, wo du mir, Rufer aus dem Anfang, die Augen öffnest für diese Wahrheit: «Ich habe dich in diese Regel gerufen, denn in ihr findest du den Ursprung.»

Er ist der Ursprung.
Kol 1, 18

Am Ende komme ich darauf, warum du mich nicht zu den Anachoreten, nicht zu den Eremiten, nicht zu den Sarabaiten, nicht zu den Gyrovagen davonlaufen ließest, sondern mich in der Ge-

meinschaft meiner Schwestern verwahrt hast.
Am Anfang war die Gemeinschaft.
Damals, am Anfang, von dem Johannes redet, als das Wort war, das bei Gott war.
Seither gibt es nur die Gemeinschaft. Eines allein gibt es nicht mehr, nirgends. Nur das Nichts ist ganz allein.
Das kommt davon, daß du der Anfang bist. Aus dem Anfang, der Gott ist, kommt das – von Gott, der eine Gemeinschaft ist, und so wird es auch am Ende sein. Denn der Anfang ist auch das Ende, und daher ist auch am Ende nur noch Gemeinschaft. Sonst nichts. Sonst gäbe es dich nicht, Kreisum – Gott. Wo du redest, wo du hörst und redest, redest und hörst, da ist Gemeinschaft in dir selbst. Und ist Gemeinschaft unter Menschen, kommt sie nur von dir her, niemals von uns her. Der Ruf aus dir schafft sie, der je eigene Ruf in jedem Menschen, aus dir, dem dreieinigen Gott.
Du schaffst die Kommunität.
Das muß man durchhören, damit es überzeugt. Es wäre einfacher, Kommunität von uns her zu sehen. Als Zweckverband, Kooperation, Produktionsgemeinschaft, Lebensgemeinschaft, Gebetsgemeinschaft. All das ist sie auch. Aber die Regel stellt sie darüber hinaus ungeschützt, direkt und immer neu und in jedem einzelnen

Glied, in den persönlichen Hörbereich seines Rufes, in die Rufzone.
Das ist die spezifische Regelzone.
In ihr wird Kommunität Kirche. In der Kirche aber tut sich die Gemeinschaft «Gott» vom Du zum Dir, von Gott zu Gott auf, öffnet sich damit aus dem Dritten, dem Geist-Gott, auf uns hin, auf den Vierten, den Menschen hin, und damit ist keiner mehr allein. Ausgeschlossen. Ausgeschlossensein ist ganz ausgeschlossen. Das geschah ja doch damals, als das WORT heraussprang. Gesandt vom Sprecher, in der Stimme des Sprechers hinausgesendet, sprang es in die Welt hinein.

Er wird von dem Meinigen nehmen
und es euch geben.
Joh 16, 14

Das ist der Grund. Darum hat Gott sich aufgetan auf uns hin. Das Seinige wollte er uns geben. Darum sprang sein WORT aus seinem Mund, darum stehen wir nun immer und überall unter seinem Ruf. Das Seinige ist das Göttliche. Er hat davon genommen und uns gegeben.

Wenn du die Gabe Gottes kenntest,
so hättest du ihn gebeten,

und er hätte dir lebendiges Wasser gegeben.
Joh 4, 10

Jetzt sind wir darin in der Gemeinschaft, die Gott ist. Aber nicht einer allein. Das Seinige hat alle zu einer Kommunität gemacht, denn nun ist das Göttliche kreisumfließendes lebendiges Wasser.
Euch wurde es zugesagt:

– und wird es euch geben.
Joh 16, 14

Aber auch dir ist es zugesagt:

– er hätte dir lebendiges Wasser gegeben.
Joh 4, 10

Beides ist wahr, denn jedes ist wahr, weil das andere wahr ist, es gibt immer den einen Menschen, nur immer den einen mit seinem Ruf, und immer nur alle, seit das WORT in die Welt kam. Und je mehr ich eingehe in das Kreisum des Ganzen, das die Regel zusammenführt und leitet, desto deutlicher höre ich mich bei meinem eigenen Namen gerufen. Ja, nur in ihm höre ich ihn rufen, das muß ich einsehen und gestehen.

Gewiß, nie höre ich mich gerufen, außer zu ihm, meinem rufenden Gott aus dem Anfang, er ruft immer zu sich, nie ruft er nur an sein Geschöpf heran, um ihm etwas zu sagen. Die er hervorruft aus sich, ruft er im selben Ruf auch wieder zu sich, das ist der Kreislauf, worin ich mich erfahre. Hervorrufen ist das erste, herausrufen aus sich, dem Ursprung, heraus ins Außerhalb meiner selbst. Zusichrufen ist das andere, zurück aus dem Außerhalb meiner selbst ins Innerhalb, Gott. Und da frage ich mich: was noch? Ist das nicht alles?

Es ist alles, aber nicht das Ganze und somit noch nicht ganz alles.

Der Kreisum-Gott, der Geist, gibt jedem die Gabe. Und die Gabe, sie erst ist das Ganze: Sie wird als Gemeinschaft empfangen, und darum ist erst jetzt alles, was in Gott ist, auch im Menschen da.

Hier liegt das Geheimnis der Kommunität. Kommunität ist immer Kirche. Ortskirche, wenn man will, aber wesentlich Kirche. Von ihr hat sie auch ihre Struktur erhalten: Abt-Regel-Mönchsgemeinde.

Das entspricht dem Herrn, dem Wort, der Gemeinschaft der Gläubigen.

Die Regel selbst legt dieses Diagramm des monastischen Lebens vor uns hin. Das ist ihre Zeichnung. Die ist und bleibt gegeben, gesetzte Ordnung, gezeichnetes Gesetz.

> Siehe da, das Gesetz,
> unter dem du Kriegsdienst leisten willst.
> Kannst du es beobachten,
> so tritt ein;
> kannst du es aber nicht,
> so zieh frei von dannen.
> R 58, 10

Wenn sich aber in der Regel das WORT abbildet, wenn in der Mönchsgemeinde die Gemeinschaft «Gott» sich spiegelt, dann gibt es auch die Stimme des Sprechers, den Sprecher selbst im Kloster St. Benedikts, erfahrbar in der Person des Abtes. Er ist der Vater, der Abbas, der Sprecher der Regel. Die Regel ist seine Sprache; sie will von ihm erkannt, gedeutet, ausgesprochen sein. Und während er sie verkündet und erschließt, wird er selbst regular, ein regulärer Mönch. Nur als solcher kann er sie deuten und erläutern, nur indem er seinen Ruf aus ihr zu hören imstande ist. Denn Hörer muß der Abbas sein, wie keiner. Wie soll er sonst Sprecher zur Mönchsgemeinde sein, Stimme des WORTES, des väterlichen Willens an jeden seiner Söhne und Töchter? Am Abbas will der Mönch das Hören und Gehorchen lernen, um Sohn zu werden im Geheimnis seines Rufes, der ihn zum Leben führt. Weil er Kind Gottes ist, sagt er seinem Oberen Abbas, Vater – nach dem Wort des Apostels:

> *Ihr habt den Geist der Kindschaft*
> *empfangen, in dem wir rufen:*
> *«Abba, Vater!»*
> *Röm 8, 15*

Die Beziehung Mönch–Abt liegt in beider Glauben, im Gerufensein und im Ziehen dessen, der, weil er erhöht ist, nun alle an sich zieht. Je reiner, je ärmer, je schweigsamer ich werde im Hören auf meinen Ruf, umso wahrer und klarer wird dieses Ziehen, diese Beziehung vom Kreuz her. Sie geschieht nur vom Kreuz her. Aber sie zieht mich, zieht den Abbas, zieht jeden Einzelnen der Gemeinschaft in die Wahrheit hinein, ins Ganze: in das, was vor Gott ist.

VON DER KLAUSUR

Bleibe doch bei mir.
Tob 10, 8

Das Obergemach zu Jerusalem war die erste Klausur der Kirche. Seither ist die Klausur das Obergemach zu Jerusalem, wo wir den Anfang sagen hören:

Bleibt in der Stadt.
Geht nicht fort von Jerusalem.
Erwartet die Verheißungen
des Vaters.
Apg 1, 4

Die Kirche blieb klausuriert, verharrte in dieser Klausur jene stille Zeit lang und wartete auf den Geist. Der kam und goß dich, WORT, in Feuerzungen über sie aus.
Die Kirche schafft sich seit Pfingsten Stätten in der Welt, wo sie Bleibe hat und Wache hält, bis sie deine Stimme sagen hört hinter dem Gitter:

Tu mir auf, meine Schwester,
meine Freundin,
meine Taube.
Hld 5, 2

Und dann wird dein Gesicht über ihr aufgehn. Für diese Schwester, diese Taube, die Kirche, hat die Regel die Klausur gebaut.
In ihrer Klausur geschieht immer weiter, was im Innersten der Kirche seither geschieht. Was geschieht, wissen wir nicht. Wir sind nicht in die Klausur gerufen, damit wir es wissen, sondern, damit es uns geschieht, weil es in der Kirche geschehen will.
Darum bleiben wir. Wir gehen nicht fort. Nicht weil die Regel mit erhobener Stimme anordnet:

Wer eigenmächtig die Klausur
verläßt,
um irgendwohin zu gehen,
oder irgend etwas noch so
Geringfügiges
ohne die Erlaubnis des Abtes
zu tun,
der verfalle der Regelstrafe.
R 67, 6–7

Das kann bis zur Ausschließung aus dem ge-

meinsamen Leben, zum Ausschluß aus der Chor- und Tischgemeinschaft gehen. Und das ist kirchliche Exkommunikation im Raum der Kommunität.
Wir bleiben. Damit, was in der Kirche zu geschehen hat, was von Gott her in der Menschheit, in jedem Menschen geschehen muß, geschehen kann: Ruf und Rückruf im Kreisum-Gott.
Die Klausur legt sich wie eine bergende Höhle um dieses geschehende Heil. Und darin stehen heißt dem Ruf gehorchen:

Bleibet hier und wachet!
Mt 14, 34

Dieses Stehen in der Abgeschlossenheit haben wir feierlich gelobt, als Gelübde unterzeichnet. Wir haben es uns damit als Stand, als Zustand und Beständigkeit auferlegt, frei, nur ergriffen von dir, Rufer. Stabilität des Herzens, des Willens, des Bleibens an Ort also, des Horchens auf dich, das ist es, was uns die Regel durch ihre Klausur gewähren will. Es ist der Stand der Hörenden und Gehorsamen, der in den Ruf und Rückruf ihres Meisters hineingeholten Jünger, welcher der Klausur Daseinsrecht gibt.

Bleibt in mir,
und ich bleibe in euch.
Joh 15, 4

Für dieses doppelte Bleiben von Himmel und Erde ineinander im Geheimnis des Anfangs, der auch das Ende ist – Jesus Christus –, hat die Regel die Klausur errichtet, und wir sind darin eingetreten und entschlossen, für immer in ihr zu bleiben.

Um meinen Ruf hat die Regel die Klausur errichtet, und in ihr bist du, Ruf, unser Beruf geworden.

Wer da aber kommt und zu uns sagt: «Klausur? Welche Verschwendung des lebendigen Lebens, Verkümmerung von Kräften, Talenten und Möglichkeiten . . .», dem ruft mein urewiger Anfang in Person zu:

Wenn ich will, daß sie bleiben,
bis ich komme,
was geht das dich an?
Du folge mir.
Joh 21, 22

UIOGD:

UT IN OMNIBUS GLORIFICETUR DEUS

DAMIT GOTT IN ALLEM VERHERRLICHT WERDE

R 57, 9

Silja Walter

Jan der Idiot

Schauspiel

64 Seiten, broschiert
ISBN 3-7228-0242-3
Paulusverlag Freiburg Schweiz

«Es hat mich oft beschäftigt, was wohl ein Schauspieler tun wird, wenn er in den Griff der absoluten Liebe gerät, die man Berufung nennt. Könnte es nicht durch eine Rolle hindurch passieren? Das fiel mir Dostojewskis ‹Idiot› ein. So kam es zu Jan. Er ist kein Mönch. Er ist Schauspieler. Er hat in meinem Spiel Dostojewskis Fürst Myschkin zu spielen. Und da bricht es durch, durch diese Rolle hindurch in ihn hinein, das Andere, der Andere, und holt ihn heraus aus sich selbst ins Ganze hinein, ins Menschsein unter Gottes absolutem Dabeisein und Blick. Ohne geistliches Vokabular, durch Bilder läßt sich auf diesem Weg das Wesen des Christseins entwickeln über die drei klassischen Stufen in den drei Nächsten des Juan de la Cruz: Läuterung, Erleuchtung und Vereinigung, ansatzweise wenigstens, skizzenhaft, als Transparenz des menschlichen Zusammenlebens und Verhaftetseins aller menschlichen Schicksale ineinander auf das Eine, Eigentliche dahinter hin, das absolute Du jeder Person und der ganzen Schöpfung.
Im Maß, wie sich Jan dem Geheimnis seiner Rolle, der absoluten Person, die in ihr auf ihn zukommt, ergibt, wird er er selbst und damit frei. Frei für die immer noch größere Liebe zum Bruder. Und damit ist er in den Augen der gegen diese Dummheit immunisierten Intelligenz der Gesellschaft ein Idiot.»

Silja Walter

Paulusverlag Freiburg Schweiz

Leni Altwegg –
Margrit Huber-Staffelbach –
Simone Staehelin
(Herausgeberinnen)

Ich spielte vor Dir auf dem Erdenrund

Frauen-Gottesdienste –
Anleitungen und Modelle

182 Seiten, broschiert
ISBN 3-7228-0230-X

Von Frauen für Frauen gestaltete und mit Frauen gefeierte Gottesdienste sind ins Gerede gekommen. Eine ursprünglich von der in der Nähe Zürichs lebenden Benediktinerin und Dichterin Silja Walter zusammengerufene und ökumenisch zusammengesetzte Frauengruppe dokumentiert in diesem Band, worum es geht. 1972 wagte es das Schweizer Weltgebets-Komitee, zum Thema «Freuet euch!» eine Liturgie von Silja Walter mit Tanz und Ballspiel vorzuschlagen. Seither hat diese Gruppe die Idee, solche von Frauen für Frauen gestaltete Gottesdienste zu feiern, weitergetragen und Erfahrungen gesammelt.
Im vorliegenden Band werden diese Anstöße anderen vermittelt, reflektiert und kommentiert. Ferner werden Anleitungen zur selbständigen Erarbeitung solcher Gottesdienste gegeben. Neben fertigen Modellen stehen Skizzen und Erfahrungsberichte. Das Buch gibt einen lebendigen Einblick in die Art und Weise, wie Christinnen heute ihre Gottesbeziehung leben und feiern.

Erschienen im Paulusverlag

Silja Walter –
Marianne Luginbühl

Ich gehe mit Dir

Vom Abendmahl zur Auferstehung –
Der Neue Kreuzweg

64 Seiten, 14 s/w-Fotos, broschiert
ISBN 3-7228-0256-3

Der Kreuzweg ist eine der ältesten Meditationsformen der Christen. Der vorliegende Band folgt dem Leidensweg Jesu in der durch die römische Gottesdienstkongregation erneuerten Form. Diese stellt in jeder der 14 Stationen ausdrücklich nur solche Ereignisse dar, die in den vier Evangelien berichtet werden. Diese Beschränkung auf die biblischen Begebenheiten erschließt gleichermaßen katholischen wie evangelischen Christen einen Zugang zum betrachtenden Nachgehen des Leidensweges Jesu.
Zu jeder einzelnen Station hat Josef Rickenbacher für die Pfarrkirche St. Johannes in Murg (St. Gallen) eine Bronzeplastik geschaffen. Das Bildwerk beeindruckt durch seine Symbolkraft und Klarheit. Dazu hat Silja Walter eindringliche Meditationstexte und Gebete geschrieben. Von Marianne Luginbühl stammen die einfühlsamen theologischen Deutungen der Stationen. So laden Bildwerk und Texte ein, den Kreuzweg Christi in Gebet und Meditation mitzugehen.

Erschienen im Paulusverlag

Silja Walter – Theo Flury

Und Himmel und Welt sind als Ganzes gedacht

Von Paracelsus inspiriert

84 Seiten, broschiert, mit Schutzumschlag
ISBN 3-7228-0326-8

Anläßlich des 500. Geburtstages von Paracelsus wurde in seinem Geburtsort Einsiedeln (Schweiz) ein Festspiel uraufgeführt: «Die Schöpfungswoche des Theophrastus Bombastus Paracelsus». Komponiert ist es von Theo Flury. Die lyrischen Texte dazu stammen von Silja Walter – sieben Gedichte für sieben Tage. Sie bilden den ersten Teil des Buches.
Vom Gespräch – vom inneren und äußeren Dialog – zwischen schreibender Nonne und komponierendem Mönch zeugt der zweite Teil. Zu vier Themenkreisen, die Paracelsus bei beiden an- und aufgerührt hat, finden sich Briefe voller Bilder, Mitteilungen, Fragen, Reflexionen: Paracelsisches Leben und Denken als Anstoß und Anregung für eigene Standortbestimmungen, Überlegungen, Lebensgefühle. Eine Frau und ein Mann, verschiedenen Generationen angehörend, beide künstlerisch tätig, beide im monastischen Leben stehend, reflektieren «sehr persönlich, farbenfroh und nachdenklich» (Schweizer Buchhandel) an Paracelsus ihre eigene Lebensart. Es ist ein vielfältig schillerndes Zeugnis der befruchtenden Wirkung des Sich-Einlassens auf das reichhaltige Werk eines schon lange Verstorbenen. Und es ist ebensosehr eine faszinierende Annäherung und Begegnung zweier heute lebender, im besten Sinne eigenartiger, schöpferischer Menschen.

Paulusverlag Freiburg Schweiz

Silja Walter – Theo Flury

Und Himmel und Welt sind als Ganzes gedacht